〈提言〉学校安全法

〈提言〉

学校安全法
──子どもと学校を守る安全指針──

喜多明人
橋本恭宏　編

◇　学校事故研究会　◇

不磨書房

はしがき──ブックレットを読まれる方々へ──

　いま，わたしたちの身のまわりでは，いつ何が起こるかわからないという不安感が広がっています。池田小事件や寝屋川市の中央小学校事件など「不審者」学校乱入事件をはじめ，震災・津波・落雷などによる人的被害，O157・鳥インフルエンザなどの食品被害，誘拐，交通事故や集団的暴力などなど。現代社会はいまや，「安心，安全」がキーワードとなりつつあります。

　その不安感は，日常生活一般の問題に加えて，とくに学校現場や子どもの世界で深刻です。「安心，安全」が脅かされる事態は，子どもの成長や学びにとっても重大な支障となりつつあります。安全は最優先の課題ですが，安全を優先することで子どもの自発的な活動や教職員の創造的な教育活動を制限してしまったり，取りやめざるを得なかったりする状況も生じています。

　そのような状況をまねかないためには，子どもや教職員が安心して学習，教育活動を営めるように学校の環境を整えていくことが肝要だと思います。そのためには学校の安全な環境の整備をすすめていくための法律や条例を作ること，および安全対策の指針を示していくことが緊急の課題です。

　このブックレットは，なんでも，現場教師だのみの学校安全対策というバランスの悪さ，いいかえれば"学校安全の現場依存主義"の限界をふまえて，国や行政の役割・責任を明確にしつつ，21世紀にふさわしい国，自治体，学校の協働による総合的な学校安全対策をすすめていくために，その展望と課題を示していこう，という趣旨により作成することにしました。

　わたしたち日本教育法学会学校事故問題研究特別委員会（以下，

はしがき

「学校事故研」といいます）は，2004年5月30日に，そのような安全な学校の制度条件を示していこうと，「学校安全法」要綱案の提案を行いました。その提案をまとめた学校事故研編『学校安全基準の立法化に関する研究報告書―「学校安全法」要綱案の提案―』は，幸い多くの学校関係者，被災者関係者，行政・司法や議会関係者に注目され，活用されてきました。ただし，この報告書は，学会としての共同研究の成果をまとめたものです。したがって，より広範な関係者・市民にも活用できるように，もっとわかりやすく，実用的な実践指針として，報告書をベースにしつつ新たに編集し，緊急出版することにしました。

　本書が教育関係者のほか，国，地方の議会関係者，自治体関係者，市民・NPO関係者，保護者・生徒・学生の方々などに広く読まれ，今後の学校安全法の制定，安全基準に関する自治立法に役立てられ，また，地域や学校での学校安全対策に活かしていただくことができれば，と願っております。

　2005年4月22日

喜多明人・橋本恭宏

目　次

はしがき——ブックレットを読まれる方々へ——

I　提言　学校安全法 …………………………………………1

1　学校安全を問う基本的な視点 …………………………………1
2　なぜ，いま，学校安全法なのか ………………………………3
　(1) 深刻化する学校災害 ………………………………………3
　(2) 現場依存と手引・通達行政の限界 ………………………7
　(3) 安全に教育を受ける権利の保障 …………………………10
3　学校安全法でなにを実現していくか …………………………12
　(1) 国による学校安全最低基準の制定 ………………………12
　(2) 学校安全職員制度の設置など，安全な学校の条件整備 ………14
　(3) 学校災害の原因究明と第三者的相談・調査機関の設置
　　　　—日本学校安全センターの設立など— ………………18
4　学校安全法を読み解く …………………………………………20
　(1) 学校安全法の全体構成 ……………………………………20
　(2) 学校安全法制の基本理念 …………………………………23
　(3) 学校安全基本計画 …………………………………………27
　(4) 学校安全基準 ………………………………………………29
　(5) 学校安全の管理体制と人権配慮 …………………………31
　(6) 学校安全職員制度の設置と教職員の安全責任 …………33
　(7) 学校災害の原因究明・情報開示と第三者的な相談・調査機関
　　　　………………………………………………………………35

目　次

Ⅱ　地域・自治体でつくる「学校安全条例」……39

1　なぜ，学校安全条例なのか……39
  (1) 質の高い安全性の確保……39
  (2) 地域の特性に合わせた学校安全管理体制
      ―安全，安心のまちづくりの一環として―……40
2　あるべき学校安全条例を模索する……43
  (1) 学校安全基本条例（Aモデル）……43
  (2) 学校災害に関する原因究明，相談・救済機関条例（Bモデル）…44
  (3) 学校安全総合条例（Cモデル）……46

Ⅲ　裁判例から見た安全指針づくり
　　　―学校現場で取り組む学校安全指針（Safety Standard）―
……51

1　学校災害……51
2　裁判における事件・事故類型の推移……52
3　学校安全の目的……53
4　裁判例（平成以降）から見た学校安全……54
  (1) 正課授業中の一般的注意義務の内容……54
  (2) 学校行事……59
  (3) 修学旅行，遠足，登山……60
  (4) 休憩時間……61
  (5) 放課後……62
  (6) 課外活動……63
  (7) 教諭の体罰……63
  (8) けんか，暴行……64
  (9) いじめ……65
  (10) 学校給食……67

⑾	学校開放下	68
⑿	学校設備の瑕疵	68
⒀	健康診断	69
⒁	教育環境	70

5　安全指針（Safety Standard）づくりの視点 …………………70
6　災害（事故）態様別安全指針の試論 ……………………………72
7　組織の安全指針 ……………………………………………………74

資料編

1　学校安全法要綱案 …………………………………………………78
2　学校安全・防犯対策の基本資料 …………………………………89
　⑴　行政の取り組みの現状 …………………………………………89
　⑵　大阪教育大学教育学部附属池田小学校事件：遺族と文部科
　　　学省の合意書 ……………………………………………………92
　　　【資料①】合意書　92
　⑶　文部科学省，学校安全管理通達，政策文書 …………………96
　　　【資料②】京都市立日野小学校事件をうけた文部省（当時）の通知　96
　　　【資料③】池田小事件をうけた文部科学省の通知　97
　　　【資料④】学校安全緊急アピール（スポーツ・青少年局学校健康教
　　　　　　　育課）　100
　　　【資料⑤】大阪府寝屋川市立中央小事件をうけた文部科学省の通知　102
　⑷　文部科学省　学校安全管理，全国調査結果（抄）……………105
　　　【資料⑥】防犯監視システムを整備している学校　105
　　　【資料⑦】国公私立小・中学校における防犯監視システムの整備と
　　　　　　　警備員の配備状況（比較）　105
　⑸　参考文献 ………………………………………………………106

あとがき ………………………………………………………………107

I　提言　学校安全法

1　学校安全を問う基本的な視点

子ども，教職員，保護者にとって安全な学校を

　最近，学校教職員が被害者となる学校乱入事件が続いています。2005年に入って正月明けの1月12日に千葉県立白里高校の事務室に若い男が乱入し，女性事務職員が重傷を負うという事件が起きて1カ月あまり。今度は，2月14日，大阪府寝屋川市の市立中央小学校で再び乱入事件があり，男性教諭が死亡，2人の女性教職員が重傷を負うという痛ましい事件が起きてしまいました。

　亡くなった先生は，子どもからも慕われ，とても熱心な先生であったと伝えられています。彼の死を無駄にしないで，2度とこのような事態にならないように，事件の教訓を最大限に生かす努力が払われなければなりません。

　では，これらの事件での教訓とはなんでしょうか。

　一言で言えば，「教職員も守られる側にある」という現実を直視しなければならないということです。

　これまで，日本の学校では，相次ぐ乱入事件への対策として，「教職員や保護者は，子どもをいかに守るか」という発想を前提とした学校安全対策がとる傾向が強くありました。しかし，そのような発想の限界が今回の事件でははっきり見えてきたといえます。

　つまり，「教職員や保護者は，子どもをいかに守るか」という発

Ⅰ 提言 学校安全法

想だけではなく，教職員の命も守られなければならない。そのためには，「教育行政は，子どもや教職員，保護者が安心して学校活動に取り組めるように，いかに学校を守れるか」という発想に立つ必要があります。このような安全対策自体の発想の転換が求められていることです。そうでなければ，教職員や保護者の被害が拡大するばかりです。大阪府は，寝屋川の事件直後の2月18日，7億円あまりを捻出して大阪市を除く府内733校に，この4月から各校1名の警備員を配置する方針を固めました。このような事例は，子どもや教職員，保護者が安心して学校活動を営むために，教育行政が取るべき学校安全対策の発想転換をよく象徴している施策といえます。

もっとも相も変わらず，教職員による防犯体制をことさらに強化しようという動きもないわけではありません。同日，東京都内のある区では，区内小中学校，幼稚園に警棒，催涙スプレー，さすまたを配備することを決めたと報じられました。護身用とはいえ，ここへきても，依然として教職員の防犯義務，防犯訓練のみ強化をはかろうとする安全対策には首をかしげたくなります。

私たち学校事故研が提言した学校安全法要綱案（以下，要綱案といいます）では，第1条の「法律の目的」のところで，「学校における児童等及び教職員の生命，身体，健康の安全を確保することを目的とする。」と定めています。つまり子どもも教職員も安心して学校活動に取り組めるように，学校安全政策を実行していくよう要綱案は求めているのです。

誰が守るか＝安全をはかる主体
A 子ども自身
B 親・保護者
C 地域住民・市民活動団体・事業者など
D 学校関係の教職員
E 自治体・学校設置者

| F　国・独立行政法人 |

　子どもの安全確保を総合的,実効的に行っていくためには,少なくとも,前頁カコミのような主体が,学校安全を目的として,相互に協力しあうとともに,独自の役割を果たす必要があります。

　この中で,いままでは,B・C・Dを中心とした学校安全対策しか論じられない傾向があったわけであり,E（自治体）やF（国）との役割分担,とくに学校安全における国の独自の役割が見えないまま,国の学校安全責任も曖昧にされてきたといえます。なお,A（子ども自身）については,近年地域に広まり始めたキャップ（CAP＝子どもの権利学習NPO）のように,自分の権利を自分で守る力を獲得していく実践が注目されています。今回は,国,行政の役割に重点を置いているため,その点は安全研修面での指摘にとどめました。

2　なぜ,いま,学校安全法なのか

(1)　深刻化する学校災害

　こんにち,寝屋川の事件や池田小学校の乱入事件など,主に学校の防犯,危機管理との関係で学校災害（「学校管理下の児童生徒等の災害」をいいます）が社会問題となっています。しかし,そのような社会的な注目度の高い事件だけがここで問われているわけではありません。そのような事件,学校災害はむしろ氷山の一角であって,日本の学校で,年間200万件近く発生している学校災害全体を問題にしていかなければなりません。

　この200万件,正確には198万448件という数字は,日本スポーツ振興センター（旧日本体育・学校健康センター）が毎年,統計資料として公表している「学校災害共済給付」の件数をさします（**図表1**

I 提言 学校安全法

図表1−① 学校災害の給付状況(平成15年度)

学校種別	件数	負傷・疾病 金額(千円)	給付率(%)	障害 件数	障害 金額(千円)	死亡 件数	死亡 金額(千円)	計 件数	計 金額(千円)
小学校	(482,991) 705,588	4,456,175	9.83	130	247,565	19	375,000	705,737	5,078,740
中学校	(411,485) 682,645	5,401,466	18.33	141	319,405	36	737,500	682,822	6,458,371
高 全日制	(236,939) 466,988	5,414,231	12.55	259	950,850	50	1,060,000	467,297	7,425,082
等 定時制	(2,159) 4,116	52,063	3.84	4	38,015	3	37,500	4,123	127,578
学 通信制	(372) 797	10,353	0.64	1	1,860	0	0	798	12,213
校 計	(239,470) 471,901	5,476,648	11.94	264	990,725	53	1,097,500	472,218	7,564,874
高等専門学校	(2,629) 4,895	57,584	8.48	7	13,490	4	71,250	4,906	142,324
幼稚園	(37,548) 51,425	338,141	3.54	10	8,430	1	12,500	51,436	359,071
保育所	(46,455) 63,307	399,024	3.56	16	19,240	6	112,500	63,329	530,764
計	(1,220,578) 1,979,761	16,129,041	10.91	568	1,598,855	119	2,406,250	1,980,448	20,134,147

(注) 1. 上記のほか、
・へき地にある学校の管理下における児童生徒の災害に対する通院費5,628千円(2,387件)
・供花料11,900千円(70件)
の支給を行っており、これらを加えた給付金の合計額は20,151,675千円
2. 表中( )内は、発生件数÷(加入者数−要保護児童生徒数)×100(%)
3. 給付率=給付件数÷(加入者数−要保護児童生徒数)×100(%)

出典:独立行政法人日本スポーツ振興センター「平成16年度学校安全・災害共済給付ガイド」13ページ

―①参照)。この給付は,学校の管理下で起きた負傷・疾病について月額5,000円以上の医療費などが支給された件数であり,小さなケガは含まれません。なお現行制度は,治療中の7年間は医療費が支給されますから,継続して給付されている累積件数もここに入ります。実際上の学校災害の発生件数は,給付件数より下回り,おおよそ年間120万件程度と考えてよいでしょう。しかし,それだけ多くの子どもに毎年医療費が支払われている事故実態を把握しておきたいと思います。

いまから四半世紀前,1977年には,この学校災害共済給付の件数が100万件に達したとして当時大騒ぎになり,国会を巻き込んで「学校災害補償制度」が問題とされました。その結果,一方では給付水準の引き上げと災害防止のための学校保健法改正,学校安全管理の部分的立法化が図られました。

しかし残念ながら,このような学校安全管理の強化,法制化は効果をあげずに給付件数は上昇しつづけ,今日の少子化の中でも,近年,学校災害の発生件数は160万件前後で横ばい状態がつづき,2003年度においては,200万件近くに急上昇する傾向を示しました(**図表1**―②)。学校災害の発生率も上昇してきています。

このように小学校,中学校の学校災害の給付率が右肩上がりの増加傾向でとまらないなかで,死亡・障害事故は幸い漸減傾向にあります。それでも年間750件以上(2003年度死亡事故189件―「供花料」70件=学校管理下の交通事故を含む)あまり発生しています(**図表1**―②をあわせて参照)。そのような全般的な学校災害の発生傾向の中で,たとえば新潟児童監禁事件(登下校中の事故=2000年),や大阪教育大学附属池田小学校不審者乱入・児童殺傷事件(2001年),京都府宇治小学校不審者乱入事件(2003年),静岡県清水市中学校ゴールポスト転倒死亡事故・校長自殺事件(2004年)などの事故を位置づけておく必要があります。

Ⅰ　提言　学校安全法

図表1―②　災害共済給付の給付状況の推移（昭和54年度～平成15年度）

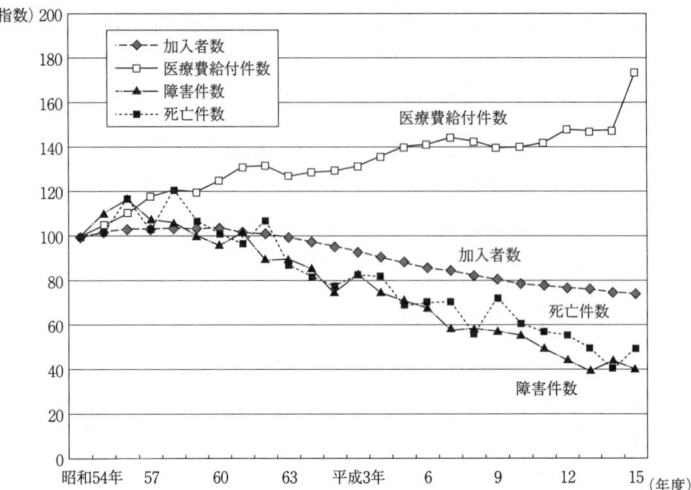

1. グラフ中の指数は，昭和54年度を100として表したものです。
2. 平成15年度における給付件数の増加は，件数の積算方法を変更し，当該月数ごとに1件としたことによる影響が強い。

出典：同上　12ページ

　以上述べてきたように，学校災害問題は，メディアが取り上げた突出した事件など一時的な現象ではなく，それらの事件が起きる土壌としての日本の学校安全全体の問題が問われているのです。とりわけ国がとってきた学校安全政策の不備，教育委員会や学校でとってきた安全対策，災害防止策全体にかかわる不備，限界が問われなければなりません。

　したがって，いまのような学校の〈安全〉状態の中では，子どもや教職員にとっては，安心して学校生活をおくれないのは当然であり，学校災害問題は緊急に解決を要する国民的な課題となっているといってよいと思います。

(2) 現場依存と手引・通達行政の限界
●池田小学校事件で国が誓ったこと

 では、国がとってきた学校安全政策の不備はどこにあったのでしょうか。子ども、国民の生命の安全を守ることは、国家の固有の役割です。いまの政府は、子どもや国民の生命の安全をちゃんと担保できるような仕組みを整えてきたといえるでしょうか。その現状はどうなっているのか、特に学校災害に関連して国の学校安全政策の実態を検証することが必要です。

 その点で、日本政府の学校安全政策の現状と問題点を浮き彫りにした象徴的な文書が、2003(平成17)年の6月8日に文科省が池田小学校の遺族の方々と交わした「大阪教育大学教育学部付属池田小学校事件合意書」(全文は資料編、**資料①**所収、以下「合意書」といいます)です。この合意書は、たまたま事件が国立の小学校で起きたことから、設置者である国が、池田小学校の事故被害について責任を認め、政府としての再発防止の意思を明確にした貴重な文書です。

 まず、合意書「前文」で、池田小事件に至る経過が書かれています。そこで実は池田小事件の以前に、すでに1999(平成11)年12月に、京都市立日野小学校において、学校への不審者乱入による児童刺殺事件が起きていたこと、当時「安全管理に関する通知」を出したが、その後も、2000(平成12)年1月、和歌山県かつらぎ町立妙寺中学校へ不審者が乱入し生徒殺人未遂事件が「発生していた中で、通知の内容を見直すこともなく、……各付属学校の安全措置の状況を把握したり、特段の財政措置を講じたりしなかった」とし、このような状況の中で事件が発生したことについて、文科省は「その責任を深く自覚する。」としました。そして、以下のように全文を締めくくっています。

Ⅰ　提言　学校安全法

> 「本合意書は文部科学省及び教育大池田小学校が本件事件について真摯に謝罪し，今後二度とこのような事件が発生しないよう万全を期するとともに，その誓いの証として実効性のある安全対策を掲げ，もって亡児童に捧げるものである。」

このように，「実効性のある安全対策を掲げる」ことを亡き児童に約束するという決意を国として示したことは，大変画期的であり，重要な合意書であると思います。

●学校現場依存および手引き・通達主義の問題

では，文科省は池田小事件を教訓として，2度とこういう事件が起きないように「実効性のある安全対策」をとろうとしているのかどうか。これは合意書「第3条」の再発防止策とかかわりますが，そこで文科省が実効性のある安全対策として掲げているのは，防犯対策の報告書や『学校への不審者侵入時の危機管理マニュアル』を作成したこと，防犯教室の開催，防犯対策の手引き書をつくり，学校施設整備指針の改訂を行うことなどを掲げています。

その中身は，いずれも学校現場が対応していくことを前提にして，マニュアル，手引きを作り，講習会を開くというものです。はたしてこれで本当に実効性のある安全対策といえるのでしょうか。

少なくとも合意書前文の経過として書かれている部分では，学校現場に安全管理の通知を出すいわゆる「通知・通達行政」ではもう守りきれないという認識が含まれていたはずです。それにもかかわらず，相変わらず手引きやマニュアルで対処するという，学校現場任せ，現場依存の安全対策の体質を露呈しています。

これでは，従来の学校安全政策の枠組みと変わらないものであり，「実効性ある安全対策」といえるものではありません。

保護者が乱入者を阻止

出典：文部科学省『学校への不審者侵入時の危機管理マニュアル』2002年12月，3ページ，10ページ

とくに「危機管理マニュアル」は象徴的なのですが，イラストのように，マニュアルのイラストは全て教職員か保護者，住民で，乱入してくる不審者に対抗するようあおっているところが問題です。最近，さすまた（刺又）ブームで，受注困難になるぐらい各学校に配置され，これを使った防犯訓練が盛んに行われています。

教職員が乱入者を阻止

出典：同上　5ページ

そのような中で，寝屋川の事件も起きたわけであり，「教職員も守られる側」にあるという視点から，学校安全対策を抜本的に見直していく必要があります。もちろん教職員が子どもを守るために，緊急事態には「阻止」という行為もありうることではありますが，それだけでは国や行政が何をするべきかという点が見えてこないのです。

とくに今回の合意書では，何々をやってほしいと学校現場や設置者，親や住民に推奨したり指導していますが，それだけで本当に文科省という国の立場で「誓いの証として実効性のある安全対策を掲げ，もって亡き児童にささげる」と誓った中身といえるかどうかと

疑ってしまいます。国が固有の役割として安全に対してどういう責任を負うのか。国民の生命の安全を守るという最も重要な国の役割の中で固有の役割は何なのかを明らかにしてほしかったわけです。

わたしたち学校事故研プロジェクトは池田小学校事件担当弁護士からの相談を受けて，国の役割としての「学校安全基本法」の制定などをアドバイスしました。遺族会側はこれを参考にしつつ国の独自の役割としての「実効性ある安全対策」を求めましたが，残念ながら，国独自の役割については，合意書第3条末尾の以下のような抽象的な文章にとどめられてしまいました。

「このような学校防犯を含む学校安全施策について，対症療法的な一時的対策にとどまらず，組織的，継続的に対応する。」

合意書をかわした6月8日当日のある新聞では，「苦渋の選択」と見出しをつけて，不本意ながら和解せざるを得なかった遺族の胸の内が明らかにされています。

この「対処療法的な一時的対策でなく，組織的，継続的に対応する」という1行には，遺族をはじめ被災者側が求めてきた，国の学校安全責任について明らかにしたいという思いが込められています。残念ながら，今の国の学校安全政策の基本は，学校現場依存主義であり，手引き・通達主義であってこの域を越えていない，これを越えていくためにこそ，わたしたち学校事故研の「学校安全法」の法案提案があると理解していただきたいと思います。

(3) 安全に教育を受ける権利の保障

すでに述べたように，日本の学校では毎年多くの子どもの死亡・障害事故が起きています。そのなかで長年，学校災害被害者・家族が国レベルでの対応として望んできたことは，すべての子どもに対

して，安全に，かつ安心して学べるような学校環境を整備してほしいということです。そのためには，事故があった際には，被害者に対して迅速かつ無過失で十全な医療保障など学校災害補償がなされる制度の創設（＝学校災害補償法）と，事故前の再発防止に欠かせない学校安全最低基準の制定・遵守についての法的措置（＝学校安全法）を講じることでした（学校事故研は，「学校災害補償法」要綱案の提案もしてきました。なお，詳しくは，喜多明人『学校災害ハンドブック』1996年，草土文化，参照）。

　もちろん，国だけでなく，自治体（学校安全条例など適正基準制定）の安全義務や学校，教員の安全配慮責任も重要な課題ですが，それらを含めて，学校安全の重大性，緊急性，切実性などを継続的，組織的に自覚化させていくためには，従来の通達・手引行政だけでなく，学校安全の法制化が必要である，との基本的認識が求められてきました。

　それは現行の日本教育法制が求めてきた課題でもあります。

　現行の日本の教育法制下にあって，日本国憲法では，子ども，教職員の「安全，安心して生きる権利」（憲法13条・25条）や，子どもの「安全に教育を受ける権利」（憲法13条・25条・26条）の保障が求められており，教育行政は，この権利保障のために，「安全な教育条件」を整備する義務（教育基本法10条2項）を負ってきました。

　また，1994年に国内適用された国連の「子どもの権利に関する条約」第3条3項においても，批准国日本に対し「特に安全及び健康の分野に関し，……権限ある当局の設定した基準に適合することを確保する」旨，求めてきたこともふまえておくべきです。

　このように，現行日本の教育法制上は，国，自治体による安全な教育条件の整備を求めており，子どもの生命，身体，健康の安全確保のために，学校設置者や学校管理者を法的に拘束する「学校安全基準」の立法化が予定されていたといえます。加えて，こうした教

I 提言 学校安全法

育条件整備法制上の要請のほか，現行学校保健法においても，「学校安全管理」「安全点検」の法制化の過程で曖昧とされてきた問題，すなわち①学校安全（点検）の責任主体や，②学校安全（点検）基準の内容の明確化をはかることが社会的に要請されてきたといってよいでしょう。

学校安全法では，以上のような国・行政の役割・責任を重視したことから，これを法律できちんと規定していこうというねらいがあります。以下，そのような規定を含む学校安全法全体の趣旨について述べておきましょう。

3 学校安全法でなにを実現していくか

学会が提案している要綱案では，主に次のような学校安全立法政策をとっていくよう方向づけを行いました。

(1) 国による学校安全最低基準の制定

第1に，国はその独自な役割として，絶対条件としての子どもの命を守る「安全最低基準」をつくることが求められているといえます。最近六本木ヒルズのビル回転ドアで子どもが死傷するという事故が発生したことなどから，施設環境全般における子どもの目線からの見直しと安全基準の検討が課題になっています。とくに子どもたちが日常生活する学校環境は，子どもの目線や体格，特性などからしっかり見直して独自の安全最低基準を作っていく努力が必要です。

ところが，たとえば学校施設面でいえば，文部科学省は，以前より，以下のように述べて，一部の行政指導基準を別にすれば安全最低基準はおおむね建築基準法，消防法などの一般的な基準法令で担保されている，という見解をとってきました。

3 学校安全法でなにを実現していくか

「安全基準を定めますことは、たとえば、今日、建築基準法によって規定されておりまして、この法令に基づいて、施設の安全性が担保されることがたてまえになっておるわけでございます」(1978年3月3日衆議院文教委員会砂田文部大臣答弁)。

「学校安全法」要綱案では、子どもの事故の教訓を生かして、子どもの目線、特性に応じた学校環境の安全最低基準の作成を国に義務づけ、その基準を学校設置者、自治体に守らせるという実効性のある安全政策を提案しています。最近はミニマムスタンダードが曖昧になって国家的基準というものが見えない時代です。しかし少なくとも、子どもや国民の生命の安全は絶対条件ですから、その人権中の人権を担保する安全基準の法制化は必須のことなのです。たとえば、勤労者の生命の安全をはかる絶対条件としての「労働安全最低基準」を定めた「労働安全衛生法」などがあるように、学校安全法は、安全最低基準法制の一つとして提案していきたいと思ったわけです。

法制化すべき国レベルでの学校安全の役割と基準の中身は、大きく以下の三点にわたります。

① 国が「学校安全基本計画審議会」を設置し、基本計画を策定し国レベルでの学校安全政策の意思表示を行うとともに、学校安全諸基準の設定、地方、学校への安全管理、再発防止の調査と提言、意見聴取、安全の奨励等を継続的、組織的に行うことです。

② 重大な事故を教訓化し、再発防止をはかるために必要な物的、人的措置をとるための安全最低基準を設定することです。死亡・障害事故に至るような重大事故について、学校施設設備の分野では、校舎、体育館等の転落事故、転倒事故の防止、学校プール等の飛び込み事故、排水口溺死事故、校外行事・通学途上等の事故などについて、物的・人的措置を法令化していくこ

Ⅰ 提言 学校安全法

とが求められます。
③ 近年になって社会問題化してきた学校の防災（阪神淡路大震災等），防犯（池田小学校事件等），衛生管理（O157事件等）など今日的，具体的な学校災害の再発防止に必要な学校安全管理事項の法令化をはかることです。

なお，学校教職員の教育活動に伴う安全配慮義務に関しては，教職員への責任の自覚を促すことへの学校被害者・家族のニーズの高まりをふまえつつ，法案上は，安全配慮義務に関する総則的規定の設定にとどめています。その詳細は，地域自治としての「学校安全条例」要綱案や，学校の教育専門的な規範としての「学校安全教育指針」要綱案に盛り込むべきであるとの考え方もあり，学校事故研において検討課題としてきたところです。

(2) 学校安全職員制度の設置など，安全な学校の条件整備
●学校安全の現場依存主義の問題

これまで，多くの事故が繰り返されてきた基本的理由のひとつとしては，危険な環境を放置しつつ，その対応のほとんどを学校現場に委ねるという"学校安全の現場依存主義"がありました。学校安全基準がないままに危険な学校環境が放置されて，これを学校現場の安全管理，安全教育で埋め合わせる，というやり方です。国や行政は，通達・通知で現場依存の安全対策を促すだけで，根本的な安全対策を講じることを避けてきました。

すでに指摘してきたように，池田小学校事件後，国は学校防犯のための『学校への不審者侵入時の危機管理マニュアル』（2002年12月）などを作成し，子どもの安全確保のための教職員，保護者，地域住民の責務を強調するなど，現場依存の手引きで対応しようとしてきました。2003年12月に起きた宇治小学校の不審者乱入事件では，24歳の女性教師が刃物を持った不審者の手を握って離さなかったこ

とが児童の被害の拡大をとどめたと評価されています。しかしこのような安全対策の危うさは、寝屋川の事件で証明されてきたと言えるでしょう。教職員や保護者が体を張って不審者の乱入を防いでほしい、という現場依存だけで、行政が独自に対応しない、ということでは、教育基本法の10条にいう教育行政の教育条件整備義務が十分果たされていないと言うべきではないでしょうか。

●**安全な学校の条件整備としての学校安全職員制度**

わたしたち学校事故研は、確かに、子どもの安全を図るための教職員の責任の自覚の必要性を痛感しています。しかし同時に、"子どもと教職員、保護者が安心、安全に学校活動を行えるよう"教育条件を整えていく教育行政の役割と責任を放棄させてはならない、と考えます。

そこで、たとえば子どもや教職員の安全確保、学校防犯にとって根本解決につながる対策として、国や自治体が予算を伴う安全対策である「学校安全職員」制度の創設を法律化していく提案をしました。

要綱案では、学校の安全を継続的、組織的に実効性あるものにしていくために、学校安全管理者および安全監視員の設置を提案しています。

現在の学校の職員スタッフだけでは子どもを守りきれないことは明らかです。同時に設備の限界もあり、当然ながら安全に関わる専門職を養成し「安全職員」を各学校に配置すべきです。そうすることによってしか学校内外の子どもの安全を守れません。特に、登下校の安全確保については現在のスタッフではとても無理ですし、これを単にボランティアに委ねるわけにもいきません。一時的にはボランティアは役割を果たしますが、ボランティアが受けた被害に対する補償に目途がついていないことがネックです。また継続的、組

I 提言 学校安全法

織的に対応していくためにも,それにふさわしい「学校安全職員制度」を作っていくしかないといっていいでしょう。国がそういう学校安全職員制度を提示して,自治体に設置・採用を促す予算措置をとるという対応が求められます。

関連して,大阪府は寝屋川の事件を契機として「警備員の小学校全校配置」の策を講じようとしています。学校安全に行政独自の役割を果たしていこうという姿勢や,「安全管理の要は人」(設備は人の補助的な役割)であるという原則が活かされていることについては,十分評価に値します。全体としては大阪府のように,今後は全国各地に学校警備員を配置していく動きが強まっていくと思います。**図表3**(都道府県別の学校警備員配置状況一覧)のような学校警備のお寒い状況下では,そのような行政の努力を期待したいと思います。

ただし,学校における安全職員のあり方,置き方としては,さらに検討をしていく余地も残されています。

学校警備員については,学校事故研が2003年11月に公表した「学校安全法」要綱案の中間報告(学校事故研編『二度と同じ過ちを繰り返さないために─「学校安全法」第一次要綱案』2003年11月1日)にも取り入れてきた案でした。しかし,学会中間案に対する学校現場や市民の意見の中では,再考を求める声も強くありました。すなわち日本の学校では,警備員は主に夜間警備を中心に従来から置かれてきた経緯があり,警備員による昼間警備には現場として違和感があること。しかも,近年の「不審者事故」が校内だけでなく校外の通学路,とくに登下校時に起きる傾向が強まり,地域全体を対象とした対応が可能であり,かつ「防犯」だけでなく学校安全全般に目配りができるような職種が求められてきたことです。

学会事故研案は,それらの点をふまえて,警備員一般とは区別された「学校安全職員制度」の創設を提案しました。

3 学校安全法でなにを実現していくか

図表3 都道府県別の学校警備員配置状況一覧

○防犯ブザー（防犯ベル）の子どもへの配布（又は貸与）や，警備員の配置（夜間警備やボランティアによる巡回等を除く）を行っている学校（平成16年3月31日現在） （単位：校）

都道府県名	計	防犯ブザー（防犯ベル）の子どもへの配布（又は貸与）を行っている学校	(%)	警備員の配置を行っている学校	(%)
北海道	2,569	685	26.7%	45	1.8%
青森県	712	238	33.4%	24	3.4%
岩手県	835	225	26.9%	0	0.0%
宮城県	915	416	45.5%	168	18.4%
秋田県	538	136	25.3%	8	1.5%
山形県	564	95	16.8%	18	3.2%
福島県	1,143	391	34.2%	33	2.9%
茨城県	1,151	623	54.1%	34	3.0%
栃木県	690	504	73.0%	17	2.5%
群馬県	717	382	53.3%	9	1.3%
埼玉県	1,525	946	62.0%	102	6.7%
千葉県	1,590	760	47.8%	0	0.0%
東京都	2,460	1,465	59.6%	175	7.1%
神奈川県	1,563	221	14.1%	22	1.4%
新潟県	1,013	528	52.1%	44	4.3%
富山県	405	285	70.4%	0	0.0%
石川県	432	181	41.9%	24	5.6%
福井県	422	250	59.2%	6	1.4%
山梨県	355	211	59.4%	16	4.5%
長野県	720	262	36.4%	15	2.1%
岐阜県	768	417	54.3%	16	2.1%
静岡県	1,241	315	25.4%	98	7.9%
愛知県	1,705	636	37.3%	20	1.2%
三重県	870	433	49.8%	8	0.9%
滋賀県	555	260	46.8%	36	6.5%
京都府	770	337	43.8%	43	5.6%
大阪府	2,088	524	25.1%	603	28.9%
兵庫県	1,924	599	31.1%	113	5.9%
奈良県	567	249	43.9%	40	7.1%
和歌山県	584	267	45.7%	2	0.3%
鳥取県	280	85	30.4%	3	1.1%
島根県	536	250	46.6%	5	0.9%
岡山県	1,015	227	22.4%	7	0.7%
広島県	1,073	235	21.9%	17	1.6%
山口県	662	147	22.2%	5	0.8%
徳島県	539	203	37.7%	0	0.0%
香川県	483	212	43.9%	7	1.4%
愛媛県	666	488	73.3%	3	0.5%
高知県	475	193	40.6%	20	4.2%
福岡県	1,352	534	39.5%	70	5.2%
佐賀県	341	242	71.0%	44	12.9%
長崎県	739	366	49.5%	0	0.0%
熊本県	786	428	54.5%	29	3.7%
大分県	724	131	18.1%	78	10.8%
宮崎県	500	69	13.8%	0	0.0%
鹿児島県	1,069	97	9.1%	0	0.0%
沖縄県	757	189	25.0%	119	15.7%
合計	43,388	16,937	39.0%	2,146	4.9%

出典：文部科学省スポーツ・青少年局学校健康教育課

Ⅰ　提言　学校安全法

(3) 学校災害の原因究明と第三者的相談・調査機関の設置
　　―日本学校安全センターの設立など―

　学校災害被害者・家族の方々が常に社会に問いかけてきた問題は，いったん事故が起きると当該児童の事故原因や事故後の処置等の経過について，迅速かつ正確な情報が誠実に保護者に提供されてこないことであり，そのような学校の「不誠実な対応」の問題でした。こうした問題に直面した家族の精神的苦痛，ストレスは，事故報告書がたいていの場合非開示文書扱いされていることから，事故の原因記載をめぐって不信感をいだくなど，さらに増幅される傾向にあります。こうした被災者家族の二次被害を防ぐためにも，学校災害対策の適正手続きの仕組みを整えていく必要があります。学校災害情報の開示制度や苦情・相談体制の確保は，そのためにも欠かせないと考えています。

　ただし，学校災害の問題は，被災者家族と学校・教育委員会との当事者間だけでは，根本的には解決しないことも想定しておく必要があります。だからこそ再発防止のための事故原因の解明の問題を裁判所という第三者の判断に委ねる場合も多く，いわゆる「学校紛争」状態が社会問題となっていました。これを，被災者の経済的負担による訴訟という方法とは別の選択肢として，公的な第三者の調査・救済機関に継続的，組織的に対応させるという方法が求められてきています。たとえば，モデルになる仕組みとして，「子どもオンブズパーソン」制度（神奈川県子どもの権利擁護委員会，川西市の「子どもの人権オンブズパーソン」制度，法務省の「子どもの人権専門委員」）など，国や自治体レベルで権利侵害の第三者的救済制度として注目されています。

　では，学校安全分野にはそのような第三者的な仕組みが整えられていると言えるでしょうか。再発防止の要は，その対応について対処療法ではなく，継続的，計画的に遂行していく第三者的な責任機

関を設定することです。

しかし現行の制度はこの点が曖昧です。国レベルでは，学校災害の共済給付および学校安全の調査・普及事業に取り組んできた「日本体育・学校健康センター・学校安全部」（発足当初は特殊法人「日本学校安全会」）が，2003年10月に独立行政法人「日本スポーツ振興センター」に改組され，「学校健康・安全部」となりました。文部科学省内でも「健康教育課」の安全担当所管という位置にあり，池田小事件合意書で誓われた再発防止について，組織的，継続的に対応していく国の姿勢としては，とても心許ない限りです。

わたしたちは，改組された日本スポーツ振興センター「学校健康・安全部」を，再度，独立した行政法人としていくこと，さらに第三者的調査機能を併せ持った救済制度として，その機能を拡充させていくことを目的として，日本学校安全センターを提言しました。

以上の学校安全法要綱案の基本的な趣旨や中身をふまえて，もう少し要綱案の全体構成や項目（法律案となるときは条文）を読みながら，要綱案全体の趣旨を理解していただきたいと思います。

Ⅰ 提言 学校安全法

4 学校安全法を読み解く

(1) 学校安全法の全体構成

学校安全法要綱案の全体構成については，以下のとおり，4章立てになっています。

第1章 総　則
　1　この法律の目的
　2　基本理念
　3　定義，対象の範囲
　4　国，地方公共団体の学校安全基準制定義務
　5　学校設置者，学校の安全管理義務
　6　学校安全職員の配置，安全点検
　7　安全教育，安全研修の機会
　8　国の財政上の措置
第2章　学校安全基本計画
　9　国の学校安全基本計画策定義務
　10　学校安全基本計画の内容
　11　学校安全基本計画審議会の設置
　12　学校安全基本計画の策定，公表の手続
　13　地方公共団体の地域学校安全計画策定義務
第3章　学校安全基準
　14　学校施設設備の安全基準
　15　学校環境衛生の安全基準，安全管理
　16　危険度の高い環境下での活動にともなう安全規模・配置基準
　17　安全な通学条件の整備と適正配置
　18　学校安全職員等の配置基準
第4章　学校安全の管理体制
　19　国，地方公共団体の学校安全管理
　20　学校，学校設置者の学校安全管理
　21　学校防災・保全対策
　22　学校防犯対策
　23　教育活動における安全配慮義務

24 学校災害発生時の救護体制，通報・報告義務
25 学校災害の原因究明責任と相談・調査
26 日本学校安全センター

● **義務づけ型最低基準立法**

このような要綱案の構成になったのには理由があります。

当初，学校事故研での検討では，池田小事件のさいに遺族会にもアイディアとして提示したように，①学校安全基本計画・政策化をねらいとした「学校安全基本法」要綱案をつくる選択肢がありました。行政の立場からは，今後の計画策定や政策目標の設定という積極面を引き出せること，行政サイドとしては，とくには財源を伴わない政策立法を歓迎する傾向があり，あるべき法案の一つではありました。ただし，子どもの安全という点で，実効性が十分ではないという意見も強くありました。したがってこの方向の案とは別に，もうひとつ，より実効性を担保する法案として，②学校安全最低基準の作成と遵守を国に義務づけることをねらいとした「学校安全法」(学校保健法の全面改正を伴う)をつくる方向の案との2案を検討対象にしました。学校事故研プロジェクトで熟慮し，検討した結果，子どもの生命，身体，健康の安全を絶対的に確保していくためには，①案を含み込んだ②案でいくべきであると判断したのです。

②案の具体化にあたっては，この義務づけ型最低基準立法の先行例である「労働安全衛生法」などの最低基準遵守の枠組みが必要であると考えました。そして，労働安全衛生法の基本的枠組みとしてある，A 労働災害防止のための最低基準の確立，B 安全衛生管理の責任体制の明確化，C 総合的計画的な対策の推進等，有害物等の規制・監督等などを参考にして，学校安全法においても，A′ 学校災害防止のための最低基準の確立 (第3章)，B′ 学校安全管理の責任体制 (第4章)，C′ 学校安全基本計画の推進 (第2章)，の明確化などをもって構成していくことになったのです。

Ⅰ 提言 学校安全法

●学校安全法の単独立法

　さらに，学校事故研では，すでに一部ではあるが学校安全管理の法制化がされている学校保健法，および日本体育・学校健康センター法（現行・日本スポーツ振興センター法）との関係も検討してきました。「学校安全法」要綱案は，学校保健法の改正（安全規定の学校安全法への移行）をともない，かつ，現行・日本スポーツ振興センター法の中の学校安全部門を独立させ，本法に吸収することを想定しています。

　学校保健法では，「学校における……安全管理に関し必要な事項を定め，児童，生徒，学生及び幼児並びに職員の健康の保持増進を図り」（第1条）とあり，教職員を含んだ安全，健康管理の法制化をねらいとしています。その意味では，学校安全法と同じ法的枠組みであり，したがって当初は，「学校保健法の改正」案，すなわち「学校保健・安全法」のようなものにしていくことも考慮しました。しかし学校保健部門の独自性を考慮し，さらには学校安全部門についても第三者機関としての調査・勧告機能を加えた総合的な学校災害救済機関の設置（第4章第25, 26）を法定化する必要性を勘案し，最終的には学校安全のみの単独法律案にすることにしました。ですから同法成立に際しては，それに必要な学校保健法，日本スポーツ振興センター法の一部改正をともなうことになります。

　なお，要綱案作成にあたっては，この労働安全衛生法，日本スポーツ振興センター法（同施行令・施行規則），学校保健法（同施行令・施行規則）のほか，消費者基本法，行政手続法などの一般関連法規および既存の教育条件整備基準法令である義務教育諸学校施設費国庫負担法（同施行令・施行規則）や学校教育法（同施行令・施行規則），同法に基づく学校設置基準，学校種別ごとの学校施設整備指針，学校環境衛生基準，その他の一般法令（建築基準法，消防法，旅館業法，風俗営業等の規制及び業務の適正化等に関する法律等）など

を参照しました。また，日本教育法学会の共同研究成果である「学校教育条件整備法案」も参考にしています。

(2) 学校安全法制の基本理念

第1章の「総則」では，「法律の目的」，「基本理念」，「定義，対象の範囲」，「国，地方公共団体の学校安全基準制定義務」，「学校設置者，学校の安全管理義務」，「学校安全職員の配置，安全点検」，「安全教育，安全研修の機会」，「国の財政上の措置」について規定されています。

ここでは，すでに述べた学校安全法の基本的な特徴を示す内容のさわりとなる部分が含まれています。学校安全基準の制定主体としての国や自治体の義務，学校安全管理義務の主体としての学校設置者，学校の責務，行政が制度化していくべき「学校安全職員」の総則規定などです。そのほか，学校安全についての研修制度や自治体・学校設置者に対して「学校安全職員」を設けるよう財政的にバックアップしていく国の責務などを定めています。

学校安全法の目的規定（第1）については，以上のような労働安全衛生法，学校保健法の法的枠組みに準じて，「この法律は，……児童等及び教職員の災害を防止するための学校環境の最低基準及び学校安全に関する責任体制の確立を図り，かつ学校における安全管理に関し必要な事項を定め，……総合的計画的な対策を推進することにより，学校における児童等及び教職員の生命，身体，健康の安全を確保することを目的とする。」と定めました。

この要綱案は，以上のように一方では，現行の最低基準法制の枠組みや目的規定をふまえつつ，もう一方では，以下のように要綱案第2（基本理念）で，学校安全固有な法的性格をふまえた基本理念を提示しています。

Ⅰ　提言　学校安全法

第2　(基本理念)
1　児童等は，児童等の最善の利益の原則に基づき，安全に教育をうける権利を有する。この権利を保障するために，国及び地方公共団体は，学校の安全を確保する責務を果たすよう努めなければならない。
2　学校教育においては，児童等及び教職員の生命，身体，健康の安全が最優先に確保されなければならない。
3　学校教育においては，学校の自主的創造的な教育活動を妨げることなく，また児童等及び教職員のプライバシー等の人権の尊重に基づき，安全な学校環境を維持・管理するように努めなければならない。
4　学校環境の整備にあたっては，この法律で定める学校災害の防止のための最低基準を守るだけでなく，快適で創造的な学校環境の実現と教育条件の改善を通じて児童等及び教職員の安全と健康を確保するようにしなければならない。
5　児童等及び保護者，教職員は，1，2，3，4の趣旨をふまえて，豊かな学校環境の創造のために，学校設置者に対して安全かつ快適な学校環境整備を求める権利を有する。

第3　(定義，対象の範囲)
この法律において，次の各号に掲げる用語の意義は，当該各号に定めるところによる。
1）学校　設置者のいかんを問わず，大学を除き，学校教育法第1条に定める学校をいう。
2）児童等　学校に在学するすべての児童，生徒及び幼児をいう。
3）教職員　学校における所定の職員その他臨時任用の職員など必要な職員をいう。
4）学校災害　学校の管理下における児童等又は教職員の負傷，疾病，障害及び死亡をいう。
5）学校安全　学校災害の直接的防止のほか，学校環境の保全・衛生条件の確保，学校における防災，防犯等の外来的危険の防止，学校救急体制の確保などを含み，学校における安全教育および安全管理の総体をいう。
6）学校環境　学校施設設備，教具・遊具等の物的条件，学校安全管理職員等の人的・運営的条件及び学校周辺の地域的条件をいう。
7）学校における安全管理　国，学校設置者，学校による学校災害の防止のための学校環境の維持管理，点検・評価，修繕等を行う業務の総称をいう。
8）最低基準　人的，物的，運営的に最低限度遵守すべき学校環境の基準をいう。

4 学校安全法を読み解く

●多様化する学校災害の防止と教育の自主性・人権保障との両立

まず、第2-1で、憲法上、子どもが安全に教育を受ける権利の保障が求められていることを宣言しています（憲法13条・26条）。その土台としては、「児童等及び教職員の生命、身体、健康の安全が最優先に確保され」（第2-2）るとし、子ども・教職員の健康・安全権（憲法13条・25条）の絶対的な保障という法原理が働いていることをも示しました。

とくに子どもの生命を脅かす現代の学校災害は、多様にかつ広範に起きる傾向を示しています。池田小事件などに象徴されるように、校内における刑法犯認知件数の急増（2001(平成13)年度41,606件、5年前の約1万2,000件増）、校外の登下校時に起きる誘拐・性的虐待など、学校防犯へのニーズの高まりがあります。加えて、阪神淡路大震災、中越、福岡などにおける地震等による災害、老朽校舎倒壊の危険など学校の保全・防災への社会的要請も強まり、あるいは"救急車を呼ばなかった"ことから災害を深刻化させている学校救急問題や、O157、鳥インフルエンザなどとかかわる学校衛生・給食安全問題への社会不安の増加など、新たに生じてきた学校災害問題があり、それらに応じた予防と安全基準のニーズが高まりを見せています。また従来から深刻化しているいじめ・体罰・虐待・集団リンチなどの学校暴力があり、その防止、解決の切実な要求などを含めて、学校安全の課題は多岐にわたり、このような子どもの生命の安全に関わる問題を総合的に検討し、解決していく必要があります。

そのために、要綱案では、学校安全の対象を「学校災害の直接的防止のほか、学校環境の保全・衛生条件の確保、学校における防災、防犯等の外来的危険の防止、学校救急体制の確保などを含み、学校における安全教育および安全管理の総体」（第3-5）まで広げました。

Ⅰ 提言 学校安全法

そのような安全,安心へのニーズが高まりつつあるなかで,もう一面では,防犯警備などによって過度の学校管理,監視体制がとられることにより,学校生活,自由への過剰な関与,介入がなされたりしないように,十分な配慮が求められています。

そのために,学校安全法では,基本理念として,「学校教育においては,学校の自主的創造的な教育活動を妨げることなく,また児童等及び教職員のプライバシー等の人権の尊重に基づき,安全な学校環境を維持・管理するように努めなければならない。」(第2-3)とし,地域住民,保護者,子どもたちとの共同による学校の自主的,創造的な活動を保障し,かつ子ども,教職員の生命,身体,健康の安全と人権保障に欠かせない学校安全体制の確立をはかることを基本に据えたのです。

● 国の学校安全最低基準制定義務

総則の後半では,学校安全の責任主体ごとの役割・責務の明確化と分担内容が示されています。

> **第4 (国,地方公共団体の学校安全基準制定義務)**
> 1 国は,児童等の安全に教育を受ける権利を十全に保障し,学校の安全確保をはかるために,この法律に定めるもののほか,文部科学大臣の定めるところにより,学校安全最低基準を制定しなければならない。
> 2 国は,第9に定める学校安全基本計画に基づいて,学校安全を促進していくための機構の整備をはかり,学校安全最低基準の遵守状況を調査し,その効果を検証するとともに最低基準の見直しを図らなければならない。
> 3 地方公共団体は,国が定める最低基準をふまえて,より安全かつ快適な学校環境を整備するために,学校安全適正基準を制定し,かつ第13に定める地域学校安全計画に基づく施策を実施しなければならない。
> 4 地方公共団体は,学校による安全点検を促進するために,学校安全点検基準を作成するとともに,必要な調査・検証を行わなければならない。
>
> **第5 (学校設置者,学校の安全管理義務)**

> 1 学校を設置する者は，国が定める学校安全最低基準及び地方公共団体が定める学校安全適正基準に従い，安全かつ快適な学校環境を整備し，点検・評価等により維持管理に努め，日常的に改善していかなければならない。
> 2 学校は，地域や家庭との信頼・協力関係を確立し，安全かつ快適な学校環境を整えるよう努めなければならない。

　国の役割と義務は，①学校安全最低基準の制定と遵守（第4-1,2），②学校安全基本計画の策定（第9）およびこれを促進していく機構の整備（第4-2）にあります。これに加えて，国は，学校安全最低基準および学校安全基本計画の実施に要する財源措置をとることも義務づけられました（第8）。

　地方公共団体の役割，義務は，①国が定める最低基準をふまえて，より安全かつ快適な学校環境にするための学校安全適正基準の制定（第4-3），②地域学校安全計画の策定（第13）に基づく施策の実施，③学校安全点検基準の制定と評価・検証にあります。

　学校設置者は，国が定める学校安全最低基準及び地方公共団体が定める学校安全適正基準に従い，安全かつ快適な学校環境を整備すること，および点検・評価等により維持管理・改善の努力義務が課せられています（第4-3）。

　これに対して学校は，とかく学校災害の事後に見られがちな「責任回避」のための「不誠実な対応」や秘密主義などにより被災者家族の不信感をかいがちであったことをふまえて，「地域や家庭との信頼・協力関係を確立し，安全かつ快適な学校環境を整えるよう努めなければならない。」（第5-2）としました。

(3) 学校安全基本計画
●学校安全計画の策定と実施，最低基準の改定

　要綱案第2章の「学校安全基本計画」では，子どもの安全に教育

Ⅰ 提言 学校安全法

を受ける権利の保障を目的として,「学校災害の防止のための主要な対策に関する事項その他学校安全に関する重要な事項を定めた学校安全基本計画を策定」(第9)することを求めました。

基本計画の中身は,その時代に発生する学校災害の有り様によっても異なりますが,第10のとおり,総じて①災害防止の環境整備,②安全学習・研修の整備,③学校安全についての地域啓発・普及のための民間・NPO等との連携・協働を含むものと考えてよいでしょう。

なお,学校安全政策の遂行にとっては,この学校安全基本計画の策定,安全最低基準の制定,調査・審議を担う機関である「学校安全基本計画審議会」(第11)の存在も大きいといえます。この審議会の設置と構成メンバーについては,審議会の運用規則に委ねられます。ただし,行政手続法10条を参考例に「教職員,児童等,保護者をはじめ国民の意見を反映するために,公聴会の開催その他の適当な方法により,広く国民の意見を聴く機会を設けるように努めなければならない」(第12)とした趣旨を活かせば,教職員や保護者,場合により子ども・生徒を審議会構成メンバーとしていくことも大いに考慮してよいと思います。

第2章 学校安全基本計画
第9 (国の学校安全基本計画策定義務)
国は,児童等の安全に教育を受ける権利を保障するために,学校災害の防止のための主要な対策に関する事項その他学校安全に関する重要な事項を定めた学校安全基本計画を策定し,かつこれを実施し及び評価・検証しなければならない。
第10 (学校安全基本計画の内容)
国は,学校安全基本計画を策定する際には,児童等の安全に教育を受ける権利を保障するために,以下の項目を含めるものとする。
　1) 学校災害の防止のための環境整備など主要な対策
　2) 児童等が自ら危険を回避する能力をつけるための安全学習の促進

3）学校安全に関する広報,研修のための措置
4）学校安全に関する地域啓発,普及のために行うNGO・NPO活動の奨励・支援及び連携・協働

第11 (学校安全基本計画審議会の設置)

　国は,学校安全最低基準の制定,学校安全基本計画の策定,教育財政その他本法の目的達成に必要な事項を調査審議し,勧告,建議する諮問機関として,文部科学大臣の定めるところにより,学校安全基本計画審議会を設置する。

第12 (学校安全基本計画の策定,公表の手続)

　1　国は,学校安全基本計画を策定するにあたって,教職員,児童等,保護者をはじめ国民の意見を反映するために,公聴会の開催その他の適当な方法により,広く国民の意見を聴く機会を設けるように努めなければならない。

　2　国は,学校安全基本計画の策定の後は,速やかにこれを公表しなければならない。

第13 (地方公共団体の地域学校安全計画策定義務)

　地方公共団体は,地域において学校安全を促進していくために,第9,第10,第11,第12に準じて地域学校安全計画を策定し,かつこれを実施及び評価・検証しなければならない。

(4) 学校安全基準

　学校災害の被災者・関係者の共通の願いは,子どもの身に降りかかった重大な被害の救済・回復を図るとともに,起きてしまった事故を教訓化しその再発防止をはかることでした。そのためには,再発防止のために最低限守るべき基準を制定し,物的,人的措置をとることが必要です。とくに死亡・障害事故に至るような重大事故については,ハード面での最低基準が欠かせません。

　「学校安全法」要綱案では,同法で全国的に適用される最低基準のレベルについて,A　学校安全法の中に基準化する事項と,B　同法施行規則の中に基準化する事項に分け,かつ学校安全基準の数値目標に関しては,その多くを,同法要綱案に基づき国が設置する学校安全基本計画審議会に諮問する方式を採用することにしました。

Ⅰ 提言 学校安全法

　それをふまえつつ要綱案では，死亡・障害事故など重大な学校災害が予見でき，未然に防止できると思われる学校施設の安全最低基準に関しては，具体的に例示することにしました。その際は，実際に発生した学校災害事例・判例や最近の遊具事故問題なども教訓化するよう努めています。

　具体的には，要綱案の第14，16，17などで，校舎，体育館等の転落事故，転倒事故の防止，学校プール等の飛び込み事故，排水溝溺死事故，校外行事・通学途上等の事故などを教訓化し，より具体的に物的・人的措置を法令化していくことを求めてきました。

　なお，学校保健については，行政指導基準を示す通達行政の枠内にあった「学校環境衛生の基準」についてその最低基準性を明確にし（第15-1），かつ学校現場サイドから出された意見などをふまえ，学校給食の安全管理を強化する提案を盛り込みました。

第14 （学校施設設備の安全基準）
1　国は，児童等の特性をふまえて，その生命，身体，健康の安全を確保し，重大事故の防止を図るために，以下の事項に留意して，学校施設設備に関する安全最低基準を定めるものとする。
　1）校舎，体育館等においては，転落，墜落事故等の防止のために，その設置に際しては教室等の階数を三階までに計画するなどの適切な安全措置をとる。
　2）三階以上に教室を配置する際には，窓等についてテラス設置等の転落防止措置をとるとともに，転落，墜落による重大事故の発生を未然に防ぐために，その教室のある校舎周りを植え込みにするなど安全措置をとる。
　3）校庭においては，衝突，転倒事故等の防止のために，相当の広さを確保するとともに，学校災害を誘発する硬質の表層，障害物，地面の凹凸等が除去され，子どもが安心して活動できるよう安全措置をとる。
　4）体育館，廊下等においては，転倒，衝突，倒壊事故等の防止のために，床面・側壁面について硬質の表層を避け，木質化をはかるなど，適切な安全措置をとる。
　5）学校プールにおいては，水底衝突事故，溺死事故等の防止のために，

子どもの体格に配慮するとともに，浮具等の整備のほか，プールの水
　　　深，水温，透明度等について安全配慮するとともに，排水口の蓋の固
　　　定等の安全措置をとる。
　　6）学校の教具・遊具等は，材質，構造，耐用年数などについて安全管
　　　理上，保健衛生上適切なものでなければならず，それに応じた適切な
　　　安全措置をとる。
　　7）学校の施設設備は，地震等による災害防止，不審者侵入等による災
　　　害防止，集団食中毒等の防止のために，安全管理上，保健衛生上の適
　　　切な安全措置をとる。
　　8）学校の施設設備は，障害のある児童等の安全上，その利用に支障の
　　　ないように適切な安全措置をとる。
　2　国は，学校施設設備に関する安全最低基準の制定のために，学校安全
基本計画審議会に諮らなければならない。

(5) 学校安全の管理体制と人権配慮

　すでに述べたように，今日の学校安全に求められてきたことは，社会問題化してきた学校の防災，防犯，救急・救護学校保健・給食衛生管理などについて，具体的で実効性のある再発防止の指針を示し，必要な学校安全管理事項の法令化をはかることでした。要綱案第15，21，22，24にその主要な項目を収めました。とくに最近になって登下校中の通学路における「不審者」事件が多くなり，危険性が増したことから，第17で，安全な通学条件の整備と適正配置について安全対策を強化しました。

　学校防犯については，日常的な防犯管理（第22-3）と児童等の生命への危険など緊急時の防犯管理（第22-4）とに区別し，前者の場合，可能な限り，人権を尊重し，教育活動への支障がないよう配慮すること，後者に限って監視設備を設けることなどを定めました。

　学校の救護に際しては，校長の了解がなくとも，教職員の判断で，「救急車の手配」などが可能である旨定めました。ここでも子ども

Ⅰ 提言 学校安全法

の安全最優先原則の具体化がはかられています。

第15 (学校環境衛生の安全基準,安全管理)
1 国は,学校安全基本計画審議会に諮り,学校の換気,採光,照明及び保温,清潔等について,学校環境衛生に関する安全最低基準を定めるものとする。
2 学校設置者及び学校は,学校保健法及び別に定める学校環境衛生基準に基づく安全点検及び衛生検査を毎学期定期に行い,前項の安全最低基準の遵守に努め,必要に応じて改善,修繕し,安全かつ衛生的な環境の維持を図らなければならない。
3 学校は,第20第2項に定める学校安全計画に基づいて,学校給食の衛生検査の促進に努め,食品衛生の管理,食中毒・アレルギー等の予防及び危険食器の除去等の学校給食の安全衛生管理に努めなければならない。

第17 (安全な通学条件の整備と適正配置)
地方公共団体は,学校の設置にあたって安全かつ適正な配置を行うように努めるとともに,地域学校安全計画に基き,交通事故,誘拐,通り魔等の防犯など安全な通学路及び地域環境のもとで,児童等が安心して通学できる条件を整えなければならない。

第22 (学校防犯対策)
1 国及び地方公共団体は,児童等及び教職員の生命,身体,健康の安全を確保するために必要な学校防犯に関する学校安全基本計画及び地域学校安全計画を策定し,これを実施するとともに,学校防犯に関する法令等の整備,人的・物的条件の確保を行い,又,基準・手引き等の作成,配布,研修体制の整備等,学校防犯に関する研修・広報,普及に努めなければならない。
2 学校を設置する者は,地域学校安全計画をふまえて,児童等及び教職員の生命,身体,健康の安全を確保するために,以下の事項を含む学校防犯マニュアルを作成し,これを実施しなければならない。
(1) 防犯教育の充実・徹底
(2) 安全監視員等による安全監視システムの確立
(3) 防犯ライト等の防犯設備・器具の整備
(4) 通報,警報設備・装置,警備連絡システム等の確立
3 学校は,前項の学校防犯マニュアルをふまえ,日常的に不審者侵入に備えた防犯教育の徹底,学校警備の強化,学校防犯環境の改善等を図るなど学校の防犯管理に努めなければならない。
4 学校は,児童等の生命,身体に危険があると判断される場合,不審者

侵入の際の防護用具,応急手当用具等の整備,避難経路等の確保をはかり,安全監視員体制の強化もしくは地方公共団体が定める設置・使用基準に従い学校防犯に必要な監視設備を設けるなど,緊急の学校防犯管理に努めなければならない。

第24 (学校災害発生時の救護体制,通報・報告義務)
 1 学校を設置する者は,学校災害の発生に備えて,救急体制の確立に努めるとともに,すべての教職員が,救急手当て等の救急対応ができるよう研修体制の整備に努めるものとする。
 2 教職員は,児童等に係る学校災害が発生した際には,直ちに適切な救急措置を行い,保護者に連絡するとともに,明らかに軽度で医療行為を要しないと判断される場合を除き,救急車の手配を含め学校医など地域の医療機関等関係機関に通報・連絡しなければならない。
 3 学校は,学校災害の発生後においては,関係機関に報告するとともに,被災児童等・保護者に対して災害の発生原因,事実経過等について速やかに情報提供しなければならない。
 4 学校は,上記の報告書等の作成にあたっては,被災者・保護者の意見を適正に反映するように努めるとともに,学校災害の再発防止のために必要な情報を関係機関に提供するものとする。

(6) 学校安全職員制度の設置と教職員の安全責任

これまで,多くの事故が繰り返されてきた基本的理由のひとつとしては,危険な環境を放置しつつ,その対応の多くを学校現場のみに委ねるという"学校安全の現場依存主義"がありました。学校安全基準がないままに,学校現場の安全管理,安全教育で埋め合わせる,というやり方です。国や行政は,通達・通知で現場依存の安全対策を促すだけで,根本的な安全対策を講じることを避けてきました。

しかし,それでは教育基本法の10条にいう教育行政の安全な教育条件整備を行う義務が十分果たされていないと言うべきです。

とくに学校安全法制の基本は,"子どもと教職員が安全に学校活動を行えるように教育条件を整える"ことにあります。そのため要綱案の第6,7,18で,子どもや教職員の安全確保,学校防犯に

Ⅰ　提言　学校安全法

とって根本解決につながる安全対策として,国や自治体が予算を伴う専門的な「学校安全職員」制度の創設を法律化していく提案をしました。

その上で,学校安全を継続的,組織的に実効性あるものにしていくために,これまでの職制とは別に,「学校安全管理者」および「安全監視員」を提案しています。「安全監視員」に関しては,すでに述べたように当初「学校警備員」制度の拡充案も有力（中間報告）でしたが,警備強化は過剰な監視型の安全管理を助長する懸念があり,また「防犯」専任よりさらに広範な「学校安全」に対応できる職種として「安全監視員」を置くことを提案しました。

なお,学校事故研の中間報告段階（2003年11月）では,「学校安全従事者」という安全補助を行う職員をも想定していたのですが,学校安全職員との二重構造になるとの学校現場の指摘もあり,一元化することにしました。また,学校災害の被災者にとって要望の多かった学校教職員の安全配慮義務の強化に関しては,法律案上,教職員に安全責任を自覚化させるべく総則的規定（第23）を設定するにとどめて,その多くは「学校安全指針」レベルの文書にまとめることにしました。

また,防犯カメラ・ビデオ等の監視設備については,日常の自主的な教育活動の妨げになるとの配慮もあり,全面実施とせず,第22に示したように,子ども等の生命,身体に危険があると判断されるような臨時の緊急学校防犯管理体制に限り,かつ「安全監視員」制度の拡充など,例示的規定にとどめることにしました。

第18　（学校安全職員の職務と配置基準）
1　学校には,児童等及び教職員の生命,身体,健康の安全を確保するために,学校安全を本務とする学校安全管理者,安全監視員,養護教諭,学校医,学校歯科医,学校薬剤師,学校栄養職員その他必要な学校安全職員を置かなければならない。

2　学校安全管理者は，文部科学大臣の定めるところにより学校設置者によって任命され，学校安全に関する講習を受けて，学校における安全組織体制を統括するとともに，学校安全計画の遂行等総括的な学校安全確保のための業務に従事する。
　　3　安全監視員は，学校安全に関する必要な研修を受け，学校の防犯等の安全監視のための業務に従事する。
　　4　国は，学校安全の確保のため，学校安全職員の配置に関する最低基準を定めなければならない。
第23　(教育活動における安全配慮義務)
　教員は，授業，学校行事，学校給食等の教育活動中及びこれらと密接に関連する活動において，児童等の人権を尊重するとともに，児童等の教育をつかさどる立場から，その生命，身体，健康の安全に配慮する義務を有する。

(7)　学校災害の原因究明・情報開示と第三者的な相談・調査機関

　学校安全基準をめぐる基本的問題の一つは，安全基準化に欠かせない学校災害の原因究明システムが未確立の状態にあったことです。その点で，2003年1月に起きた静岡県清水市中学校サッカーゴールポスト死亡事件およびそれに伴う校長自殺事件などは教訓的といってよいでしょう。

　日本の学校では，ひとたび事故が起きると，科学的，客観的に学校災害の原因を明らかにしないまま拙速にその責任を特定の者（校長の管理責任のほか，被災者・子ども側の自己過失責任＝「泣き寝入り」など）に背負わせて，早期決着をはかろうとするような密室的「危機管理」体制が常態化しています。この密室的「危機管理」体制が幅を効かせているために，十分に原因が明らかにされず，教訓化されずに再び同じような事故が繰り返される，という悪循環を招いています。このような事故原因究明の不徹底さが，学校安全基準化の妨げになっていることはまちがいありません。

　このような原因究明システムの不備ゆえに，学校災害の原因につ

Ⅰ 提言 学校安全法

いての情報は，被災者家族ほか関係者にも十分に伝えられないことが多く，誤った情報が流されることにより，かえって周囲から誤解を受け攻撃されるなど，学校災害被災者家族の二次被害も深刻化しています。このような事態の予防のためには，学校事故事実・原因の究明と被災者への開示・再発防止情報の公開性（＝事故の教訓化）等を担保するシステムを確立していくことが求められています。

「学校安全法」要綱案においては，このような被災者の二次被害の防止や原因究明のために，①相談機能，②調査機能，③提言・勧告機能（基準改訂等），④広報・普及機能（事例集発行など）等を有するシステムをどう構想するか，について検討を加えました。

その結果，被災者の要望等をもふまえて，要綱案の第24，25では，国・自治体の原因究明責任を規定し，学校災害の事実，原因等に関する情報の開示制度や苦情・相談体制の確保を求めました。また，救護体制に関しては，とかく救急車の遅れが重大事故になることから，教職員が円滑に対応できるように配慮しました。

なお，具体的な苦情・相談・調査機関のあり方については，消費者保護基本法を参考にしつつ地方自治の趣旨から国としての関与を自制し，地域・自治体の実情に応じて工夫されるべきであると考えました。このような機関は，学校安全条例のテーマとしてふさわしく，次章において，具体的な相談・救済機関条例モデルを示しましたので参照ください。

なお，要綱案の第26では，2003年10月に改組された日本スポーツ振興センター（前＝日本体育・学校健康センター学校安全部）を，第三者性のある単独の独立行政法人とし，調査機能を併せ持った救済制度として拡充をはかることをめざし，日本学校安全センターの創設を提言しました。

（喜多明人）

4 学校安全法を読み解く

第25 (学校災害の原因究明責任と相談・調査)
1 国及び地方公共団体は，その所轄する学校に係る学校災害の原因究明に責任を果たさなければならない。
2 国及び地方公共団体は，学校災害の原因究明及び救済・予防に関して生じた苦情等について，適切かつ迅速に対応し，被災児童等・保護者家族が安心して相談に応じることができる体制の整備等に努めなければならない。
3 国及び地方公共団体は，被災児童・保護者家族から原因究明について申立てがあった際は，速やかに調査し，その結果を申立人に報告しなければならない。
4 上記の苦情処理等の相談・調査に当たる組織は，被災児童等・保護者家族が不当に不利益を受けることを防止し，児童等の最善の利益の原則に則って，中立かつ公正な判断に努めなければならない。
5 被災児童・保護者家族は，原因究明のためにさらに調査が必要と判断した場合，その調査を日本学校安全センターに依頼することができる。

第26 (日本学校安全センター)
1 国が定める学校安全最低基準の維持・向上，重大事故の発生等にともなう必要な調査及び調査結果に基く指導，勧告及び調査結果の公表，学校災害共済給付事業，学校安全普及事業等の救済，広報等を行う第三者機関として，独立行政法人日本学校安全センターを設置する。
2 日本学校安全センターは，学校安全基準の水準維持・向上を図るため，適宜国及び地方公共団体に対して勧告を行うものとする。国及び地方公共団体は，日本学校安全センターの勧告にもとづき適切な安全措置をとるものとする。
3 日本学校安全センターの組織及び運営に関する事項は別に定める。

Ⅱ 地域・自治体でつくる「学校安全条例」

1 なぜ，学校安全条例なのか

　学校の防犯や安全については，前章でのべたように，国の役割も重要ですが，地域・自治体の役割については，さらに大切であるといってよいでしょう。

(1) 質の高い安全性の確保
　学校事故研では，これまで学校安全法と学校安全条例，そして学校安全指針を三点セットにして学校の安全水準の維持を考えてきました。そのような水準維持に欠かせない「学校安全基準」は，国レベルでの学校安全の最低基準，地域・自治体レベルでの適正基準，学校レベルでの実践的専門的基準に分けることがいえます。そのそれぞれが独自な役割を果たしつつ相まって，子どもに対してより質の高い安全を保障していくことができる，ということがいえます。いいかえれば，国レベルでの安全についての最低限の基準を遵守しつつ，実際の地域，学校ではその基準を超えた質の高い安全を確保していくことが求められています。

　そこでいう〈質の高い安全性〉とはなにか。それはただ単に安全度の基準値を上回るという意味合い，あるいは，「安全であればよい」〈一般的安全性〉という水準を越えて，「高度な教育活動を保障できるような安全性」〈教育的高度安全性〉をさします。

　たとえば，学校を刑務所のように高い塀で囲み，施錠し隔離するような安全性は，確かの「不審者乱入」の防御としては有効だと思

Ⅱ 地域・自治体でつくる「学校安全条例」

いますが，子どもたちの自由な校外学習や，保護者・住民の参加型教育活動を遮断してしまうなど，制約の多い教育活動を強いてしまう問題点があります。

地域・自治体が，学校安全の適正基準を確保していくために学校安全条例を創造していくことは，そのような機械的安全管理を越えて豊かな教育を保障していくことにほかなりません。

もちろん，現在に至るまで，学校安全法が制定されていませんから，学校安全法の補完的な条例をつくることも考えられますが，池田小事件や寝屋川の事件を契機として，学校安全法の制定機運も生まれてきていますから，今しばらくは，学校安全法とセットになる学校安全条例を追求していくことが賢明であると考えます。

（学校事故研では，1978年に国の補償制度の創設をうたった「学校災害補償法」要綱案を提唱しましたが，結局法制化されないまま10年以上経過したために，同法が制定されるまでの補完的な「学校災害補償促進基金条例」案（1990年）を提案しました。この条例案をモデルとして，現在の「さいたま市学校災害救済給付金条例」（1994年大宮市条例第9号）が施行されています。）

(2) 地域の特性に合わせた学校安全管理体制
―安全，安心のまちづくりの一環として―

このように，日本の学校では，国レベルと地域・学校レベルとの組み合わせによる総合的な安全対策が求められています。ただしそれは，あくまでこれまであまりに国レベルでの対応が遅れていたことから強調されていることであって，学校安全の主役が地域・学校であることに間違いはありません。

国と地域との関係は，単に横並びというよりは地域・学校の主体的な学校安全の取り組みがあって，国が財政支援や制度・条件整備的な側面援助をするという関係なのだと理解してよいでしょう。地

1 なぜ，学校安全条例なのか

域や学校の独自性が生かされた安全性の追求によって，子どもにとっての最善の安全性がめざされなければなりません。

●危険度を増す登下校と地域

ところが，実は子どもたちの安全確保で期待されてきた地域自体がいま危なくなっています。

2004年11月におきた奈良の小学生誘拐殺傷事件は，決して地域が安全でないことを象徴する事件でした。たとえば読売新聞（2004年6月7日付）による全国調査によると，校内侵入・登下校時の被害が拡大していること，とくに昨年度の校内への侵入事案は，近畿が95件と最多。次いで九州・沖縄の48件，関東の26件。登下校時に児童生徒が危害を加えられたり，危害を加えられそうになったりした事案は昨年度，近畿が456件で最も多く……」というふうに報じられました。

このように，子どもの安全は，校内だけでなく，むしろ校外の地域，登下校時において脅かされているといってよいでしょう。これでは，もう学校だけでは守りきれません。今日，安全，安心のまちづくりがうたわれ始めました。そのような地域全体の安全なまちづくりの中で，地域の一部である学校の安全も担保されるという視点が必要になっています。

ところが残念なことに，日本の学校において管理職の発想などに往々に見られるのは，「学校の中だけは安全に」，「学校の管理下の安全が確保されれば」といった近視眼的な対策なのです。しかし，奈良の事件をあげるまでもなく学校災害の現実は，"管理的な発想"だけで学校安全をとらえる時代ではないことを如実に示しています。

学校安全法要綱案では，国の学校安全基本計画をふまえて，地方公共団体で設置する学校安全計画審議会が地域学校安全計画を立案，実施していくことになっています。地域全体の安全計画の中で，学

Ⅱ　地域・自治体でつくる「学校安全条例」

校安全計画を位置づけて，さまざまな地域の人々，市民活動団体，自治体関係者との連携，協働のもとで，子どもたちの安全を確保していくこと，そのためには，各学校区単位での地域住民，保護者，子どもたちとの話し合いの場として，地域学校安全会議のような組織をつくっていくことも求められていると思います。もちろん安全会議を単独で開催していく場合だけでなく，すでに任意ではありますが，各地で普及し始めている「学校評議員の会」や「学校運営協議会」（学校理事会）などを活用していくこともありえます。

● **身近な地域による安全確保の取り組みの必要性**

　以上の通り，地域の人々のネットワークのなかに，学校安全を位置づけなおしていくことが大切です。

　子どもの安全確保は，身近な人間関係の中でごく自然な形で，おだやかになされてほしいものです。かつての地域がそうであったように，保護者や教職員のほか，地元のおじさん，おばさんたちのやさしいまなざしの下で，子どもたちが健やかに育ってほしいと誰もが願うものです。そのような子どもを支える地域の再生，子どもを取り巻く人間関係の再生がテーマであるはずです。

　ところが最近は，防犯カメラやモニター付のインターホンなど設備重視の安全管理が地域に入り込んできました，子どもたちにも，センサーに反応するIDカードや人工衛星で監視するGPSなどを携帯させるなどして，監視型の安全管理が幅を利かせています。しかし設備に頼った監視型管理は決して望ましいとはいえません。いつも監視されているという状態は，子どもにとっても保護者にとってもしんどいものです。道草もまかりならぬということになってしまいます。

　そこでは，事件，事故が多発しているような危険度の高い地域で実施されてきた安全対策をむやみに取り入れる必要はないでしょう。

地域の危険度や実情に合った柔軟かつ独自な安全対策を創造していってほしいと思います。そのような安全対策を立てていくためにも，その指針となる学校安全条例が求められています。

このように学校安全条例は，地域における安全，安心のまちづくりの一環として，学校安全の取り組みの輪を広げ，関係者の円滑な連携・協働を進めていく環境条件をつくっていくことをねらいとしている，といっていいと思います。

2 あるべき学校安全条例を模索する

ところで，学校事故研では，いままさに，学校安全条例のモデル案を作成途上にあります。2005年5月末には，学会案として公表する予定ですが，このブックレットでは全文を公表できるまでに至りません。しかし，昨年の事故研総会などで了解され，すでに固まっている条例のモデル案の枠組みや，その骨子については，公表されている範囲で大まかに紹介して，今後の地域における学校安全条例づくりに生かしていただければ，と思います。

大別すると学校事故研では，以下の通り，自治体の財政事情や地域の特殊性をふまえて3つの条例モデルを模索してきました。

　　Aモデル　学校安全基本条例
　　Bモデル　学校災害に関する原因究明，相談・救済機関条例
　　Cモデル　学校安全総合条例

(1) 学校安全基本条例（Aモデル）

Aモデルの学校安全基本条例は，国レベルでの「学校安全基本法」に相当するものであり，学校安全の基本理念を掲げて，それに基づく学校安全計画を立案し，計画を具体化する学校安全施策を実

Ⅱ 地域・自治体でつくる「学校安全条例」

施,推進,評価,検証していくという仕組みをつくることを主眼に置いた法規です。自治体にとっては,当面は財政措置を伴わない——せいぜい安全計画策定・評価等のための審議会運用費程度の支出——という利点があり,それでいて行政としての学校安全への基本姿勢を市民に明示でき,かつ学校安全の普及・啓発にもなる,というものです。一般的に地域・自治体で採用されやすい条例モデルとして考案されています。条例の骨子・項目を例示すれば,以下のような構成が考えられます。

○ **学校安全基本条例（Aモデル）**
1 条例の目的
2 基本理念
3 市（町村・区）の責務,学校の責務
4 地域学校安全計画の策定・実施・評価・検証
5 学校安全施策
6 組織

---

(2) 学校災害に関する原因究明,相談・救済機関条例（Bモデル）

Bモデルの学校災害に関する原因究明,相談・救済機関条例は,学校安全法要綱案の第25（学校災害の原因究明責任と相談・調査）を受けて,その具体化を図ろうとする条例モデルです。

第25では次のような事項が盛り込まれていました。

第25 （学校災害の原因究明責任と相談・調査）
1 国及び地方公共団体は,その所轄する学校に係る学校災害の原因究明に責任を果たさなければならない。
2 国及び地方公共団体は,学校災害の原因究明及び救済・予防に関して生じた苦情等について,適切かつ迅速に対応し,被災児童等・保護者家

2 あるべき学校安全条例を模索する

> 族が安心して相談に応じることができる体制の整備等に努めなければならない。
> 3 国及び地方公共団体は，被災児童・保護者家族から原因究明について申立てがあった際は，速やかに調査し，その結果を申立人に報告しなければならない。
> 4 上記の苦情処理等の相談・調査に当たる組織は，被災児童等・保護者家族が不当に不利益を受けることを防止し，児童等の最善の利益の原則に則って，中立かつ公正な判断に努めなければならない。
> 5 被災児童・保護者家族は，原因究明のためにさらに調査が必要と判断した場合，その調査を日本学校安全センターに依頼することができる。

第25の2でうたわれているように，地方公共団体は，「学校災害の原因究明及び救済・予防に関して生じた苦情等について，適切かつ迅速に対応し，被災児童等・保護者家族が安心して相談に応じることができる体制の整備」に努めなければならないことになります。ただし，地方自治法上，国の意思としての法律という手法で，地方の機関について具体的なあり方を示すことが好ましくない状況下においては，その具体化はもっぱら条例事項として委ねられていると考えてよいでしょう。

ただし要綱案では，学校災害の原因究明，相談・救済機関を自治体において設置していく際に，

① 被災児童等・保護者家族が安心して相談に応じることができること（第25-2）
② 原因究明について申立てがあった際は，速やかに調査し，その結果を申立人に報告しなければならないこと（第25-3）
③ 被災児童等・保護者家族が不当に不利益を受けることを防止し，児童等の最善の利益の原則に則って，中立かつ公正な判断に努めなければならないこと（第25-4）

といった原則に立つ機関であることが方向づけられています。

学校事故研では，そのような機関のモデルとして，1999年に兵庫

Ⅱ　地域・自治体でつくる「学校安全条例」

県川西市で設置された「子どもの人権オンブズパーソン」を想定してきました。一般的にいわれる「子どもオンブズパーソン」は、子どもに寄り添いながら相談・救済にあたる第三者機関であり、第三者的な立場で事件の事実・原因についての「中立・公正」な調査、究明を行い、その結果を報告するとともに、「意見具申」「政策提言」していく機関です（喜多明人・吉田恒雄・荒牧重人・黒岩哲彦編『子どもオンブズパーソン』2001年日本評論社参照）。

学校災害という名の子どもの権利侵害の場合は、その件数（一200万件時代に突入）の多さや、学校と被災者・保護者との信頼関係を損なう可能性の高い分野であるとの認識から、オンブズ一般とは区別し、学校災害に固有な相談・調査・救済機関として設置していくことも検討に値すると思います。

条例の骨子・項目を例示すれば、以下のような構成が考えられます。

○　**学校災害に関する相談・救済機関条例（Bモデル）**
　　1　審査会の設置
　　2　委嘱等
　　3　職務
　　4　苦情等の申し立て
　　5　審査
　　6　調査
　　7　勧告・意見の表明
　　8　是正等の措置の報告
　　9　通知及び公表

---

(3)　学校安全総合条例（Cモデル）

Cモデルの学校安全総合条例とは、Aモデル、Bモデルを含め、

かつ学校安全の決め手である「学校安全職員」制度の具体化や学校安全適正基準について総合的にカバーしていこうという条例案です。したがって、人件費や施設改善費など自治体独自の財源を伴う条例であるため、学校安全の王道をいく条例ではあっても、ある程度は財源に余裕のある自治体などでなければ採用されえない案であるともいえます。

●学校安全職員の配置

とくに、「安全監視員」(学校安全法第18-3)のように独自の学校安全職員として採用する場合は、条例上の制度として予算要求はしやすいとはいえ、現在の地方財政危機の中では人件費の捻出は行政にとって厄介な問題であることはまちがいありません。しかし、そこでは、「安全にはお金がかかるもの」という時代を見越した先見性が問われます。条例上も、子どもの安全のために、学校や地域とも痛みを分かち合うという姿勢で、行政が財政措置をとることが求められているといえます。もちろん、そうはいっても「ない袖はふれない」わけですから、財政的なめどが立たない場合は、臨時の嘱託職員や警備会社などの民間委託もやむをえないでしょう。

しかしその場合も、「学校安全職員」としての十分な研修やトレーニングが必要です。

とくに安全監視員は、学校づくりと子どもの成長という視点をもった質の高い安全性(＝教育的安全性)について理解を深めるとともに、現行の学校スタッフではカバーできない登下校の安全管理、それに欠かせない地域の危険情報や安全についての地域ネットワーク情報の収集などを分担できる力量をもつことが必要です。条例では、そのような学校安全の特別な意味合いをふまえて安全職員について説明することになります。

Ⅱ 地域・自治体でつくる「学校安全条例」

●学校安全適正基準

　学校安全総合条例の持ち味の一つは，Ａモデル，Ｂモデルの機能を含みつつ，地域学校安全基本計画に基づき，学校安全適正基準の制定を促すことです。その中身は，学校施設安全基準のあり方のほか，学校給食安全管理などを方向づける学校衛生施策の指針的基準，学校防犯施策の指針的基準（その中には児童生徒・教職員の創造的な教育活動および人権の配慮をうたうことになります），管理優先から子どもの「生命の安全優先」への転換を促すなど，学校救急施策の指針的基準，被災者の二次被害予防のための学校事故情報アクセスの指針的基準などが含まれることになります。

　本格的な基準・指針の検討は，条例に基づく審議会や原因究明機関（オンブズ）などに委ねられますが，その際に，条例では，学校安全管理の施策推進を図る具体的な手法として，学校安全基準に依拠した学校安全点検基準の制定と遵守の仕方についてうたわれていくことになるでしょう。

　現在，日本の学校では教育改革の一環として「学校評価」の取り組みが盛んに行われています。子どもの生命の安全といった絶対条件の確保は，学校評価の最優先事項であるといっても過言ではありません。条例で定めた学校安全基準，それに基づく学校安全点検基準の遵守のためには，学校安全の自己評価，すなわち，学校安全職員を中心として，先述の学校安全会議など，保護者・住民・子どもの参加を含む学校自己評価の会議において学校安全評価・検証を行うことが大切です。加えて施設設備面などでは，校舎・設備の老朽度，安全度などについて業者委託するなど，外部評価の導入をはかることも求められています。

　条例の骨子・項目を例示すれば，以下のような構成が考えられます。

○ **学校安全総合条例（Cモデル）**
　第1章　総　則
　　　1　この条例の目的
　　　2　基本理念
　　　3　定義，対象の範囲
　　　4　市（町村・区）の義務
　　　5　学校設置者の安全管理義務
　　　6　学校等の安全管理義務
　　　7　学校安全職員の配置，安全点検
　　　8　保護者・住民の役割
　　　9　安全教育，安全研修の機会
　　　10　市（町村・区）の財政的措置および国の支援申請
　第2章　地域学校安全基本計画（以下，細目　略）
　第3章　学校安全職員の設置と学校施設安全基準
　第4章　学校等の安全計画と安全管理
　第5章　学校災害相談・苦情・救済等審査会

（喜多明人）

Ⅲ 裁判例から見た安全指針づくり
―学校現場で取り組む学校安全指針（Safety Standard）―

1 学校災害

　学校災害とはどのような事故を指すのかについては，定まった定義はありません。一般に，①学校をめぐり生ずるさまざまな事故の総称，②学校という教育の場で生じた児童，生徒を被害者とする事故，というのが一般的なイメージでしょう。学校災害とは何かということを考えるには，従来，その法的救済との関連で考えられてきました。そうした視点からは，学校災害とは，学校に関連した人為的理由などによって生じた事故（負傷，疾病，死亡）といえます。また，学校に関連したという点では，その人的側面ならびに学校とのつながりが問題となります。学校に関連する人的範囲といっても，近所の人が，たまたま学校内に入ったため事故にあったということもありましょうし，その学校に通学する児童，生徒の保護者が，授業参観日に事故にあったという場合も含まれることになります。したがって，人的範囲を確定する必要がありますが，一般には，その学校に通学する児童，生徒，学生および園児がそれに含まれることは疑いありません。当然，学校に勤務する教職員，児童，生徒らの保護者，学校を訪れた者も含まれることになります。

　学校災害での人的範囲を以上のように考えるとしても，次に，それらの事故と学校の教育活動とのかかわりが問題となります。すなわち，その限界をどこに求めるかです。通常，学校の教育活動である各教科の正課授業時のみならず，課外活動，登下校時の事故のよ

Ⅲ　裁判例から見た安全指針づくり

うに，教育活動と密接な関係にある生活関係における事故も含まれると考えられています。

これらを総合的に考えますと，学校災害とは，学校の教育活動と密接に関連する生活関係において，学校教育活動の主体である児童，生徒，学生，園児，教職員，保護者および学校訪問者について発生した事件・事故をいう，と考えてよいと思われます。

このような広範な事故原因と発生場所をもつ学校にかかわる事故について，その安全指針をつくることはかなりの困難をともないます。そこで，次に，平成以後の学校災害裁判例を紹介し，安全指針づくりのためのヒント的なものを提示したいと思います。

2　裁判における事件・事故類型の推移

平成になってからの学校災害で公刊誌に載ったものは（平成元年から平成16年初旬までの概数）正課授業中43件，課外活動61件，学校行事20件，休憩時間，放課後各6件の計12件，教諭の体罰15件，けんか，暴行14件，いじめ19件，その他14件の計198件です。

以下詳細にみますと，正課授業中では，体育関係事故中，水泳事故が15件，その他体育19件です。なお，平成以前において多かった理科実験中が3件と少なく（平成以前の事故については伊藤進・織田博子『実務判例』参照。），校外授業3件，学校行事2件，ホームルーム，自習時間中各1件，養護学校，特殊学級2件です。学校行事は，平成前と比べると，平成以前約70年間に19件でありましたのが，平成となって16年で21件と増加しています。教諭の体罰は，1945年以前の法体制（学校教育法11条の体罰禁止規定）の違いがあることから単純に比較できませんし，また，教育関係者の意識の違いによることも見逃せませんが，体罰禁止規定があるにもかかわらず，平成になってからも15件であることは問題です。けんか，暴力によ

る事件・事故は、その様相が異なってきました。かつて調査で昭和57年～昭和63年までは、6件が「校内暴力」関係でしたが、平成以後平成16年初旬まででは、生徒間の事故として、けんか、暴力が13件にのぼっています。特に問題となるのは、平成以前には顕著ではなかった、いじめによる事件が17件あることです。その他では、学校給食関係が2件あり、また、いわゆるO157事件、そばアレルギーなどの現代型事故も生じています。なお、授業における人権侵害、学校開放下の事故、学校設備が各1件みうけられます。

3 学校安全の目的

そもそも、教育という意図をもち、計画を立て、組織を構成し、学校という場においてなされるのが学校教育（教育活動）です。そこは「知的、かつ情緒的、そして、からだの発達に伴って行われる人間形成の場である」（石毛昭治『学校安全の研究』17頁）といえましょう。ですから、学校安全には、教育目標達成のための安全な施設の維持、確保を図るとともに、生涯を通じて健康、安全で活力ある生活を送るための基礎を培う場所であり活動が含まれます。「その内容は、安全教育と安全管理が車の両輪となろう」（石毛・前掲17頁）と思われます。

また、学校安全の目的は、学校が教育活動の場として最も安全でなければならないということでもあります。

本来、教育は、心身ともに健康な国民の育成を期し、健康、安全な生活を送ることができるよう、その態度、能力を育成するためのものであり、学校安全は、その学校教育目標を達成するための役割を果たすものだからです。そして、学校安全の法的基礎は、憲法（25条）、教育基本法（1条、12条＝健康の保持増進）、さらに、学校教育法（18条＝健康、安全で幸福な生活のために必要な習慣を養い、心

Ⅲ　裁判例から見た安全指針づくり

身の調和的発達をはかる），学校保健法（2条＝学校保健安全計画）などがその根拠となります。

ところで，学校安全を考えるに際しては，まず，学校への通学路の安全が問題となります。特に，従来は交通事故が中心でした（いまでもこの安全が重要であることは言うまでもありません）が，今日，第三者による校外での安全が緊急課題となっています。そして，学校生活（授業時間，休憩時間，課外活動中，校舎内外の場所等）にかかわる安全，さらに，火災，地震，気象状況による自然災害に対する安全が問題となります。したがって，それぞれの場面ごとの安全指針をつくる必要があります。

4　裁判例（平成以降）から見た学校安全

教育活動全般についての安全指針を考えるにあたっては，一般的安全配慮義務と具体的安全配慮義務が問題となります。すなわち，従来言われてきているように，学校施設に入った者，特に児童，生徒について，学校は一般的に，信義則上，在学する児童の生命，身体等を危険から保護する措置をとるべき安全配慮義務を負っています。そして，この一般的安全配慮義務については，特に公立学校についての在学関係で論じられてきましたが，当然，それは，公立学校に限らず，児童，生徒との生命，身体の危険という点においては私立学校においても同様です。

したがって，以上のような一般的指針を前提に，具体的な指針づくりをする必要があります。学校安全指針を考える出発点においては，こうした認識を共通にしつつ始めることが重要です。

(1)　正課授業中の一般的注意義務の内容

正課授業における教諭の安全指針において，もっとも問題となる

のは，体育の授業，とくに，水泳，柔道等，常に生命の危険が伴う教科，競技です。

　正課授業が，学校教育の中心をなしていることは言うまでもありません。教諭の児童，生徒等に対する安全，すなわち，危険の予見と回避を第1に，安全指針もその点を念頭においてつくられなければならないでしょう。総じて，他の教育活動よりは，より高い安全指針が求められるといえます。たとえば，体育と一般授業ではおのずから性質も異なるため，当然その安全指針も異なりますから，科目ごとに安全指針づくりをすることとなりましょう。ただし，そこには，教育を受ける者の年齢を考慮する必要があることはいうまでもありません。この点，児童，生徒自身に求められる自己安全指針（自己責任）については，過失相殺事例が参考となります。

　以下，正課授業中の科目ごとの裁判事例を紹介しましょう。

(a) プール（水泳）

【1】　小学校6年生の女子児童が体育水泳授業中，クラス別の指導に移行し，指導教諭が自主的な泳ぎの練習を行わせている際，逆飛び込みを行い，プールの底に頭部を激突させて負傷した（松山地判平成11年8月27日判時1729号75頁，判タ1040号135頁）。

【2】　小学校4年生の女児が，多数の児童との過密状態でクロールを練習中，他の児童と衝突して頭部を受傷し，その結果死亡した（千葉地判平成11年12月6日判時1724号99頁）。

【3】　小学校6年生の水泳授業で逆飛び込みをし，水深約1メートルのプールの底に額の上辺部を打ちつけて負傷した（山口地裁岩国支部判平成3年8月26日判タ779号128頁，判例自治91号49頁，前掲松山地判）。

【4】　公立中学校の生徒が，体育の水泳授業中に飛び込み台から飛び込みをした際，プールの底部に頭部を激突させて重傷を負った（金沢地判平成10年3月13日判日寺1667号124頁，判タ988号173頁，判例自治177号63頁）。

【5】　国立大学付属高校2年生の女生徒が，水泳授業において潜水で水泳中に溺水し，病院に救急搬送されたが，死亡した（大阪地判平成13年3月26日判例時報1769号82頁）。

【6】　高校1年生が，体育の授業中，担当教諭の指導の下，学校プールで水

Ⅲ　裁判例から見た安全指針づくり

泳中，コース途中で大量の水を飲み，プールの中央付近で水面にうつぶせになっているところを発見され，病院に搬送されたが，死亡した（札幌高判平成13年1月16日判タ1094号231頁）。
【7】　高校1年生が，体育の授業としての担当教諭の指導の下，学校プールで水泳中，コース途中で大量の水を飲み，プールの中央付近で水面にうつぶせになっているところを発見され，病院に搬送されたが，死亡した（札幌地判平成12年1月25日判タ1094号233頁）。
【8】　県立高校2年生の男子生徒が，水泳授業中に，魚雷式飛込みをしてプールの底に頭を打ちつけ負傷した（浦和地判平成8年2月9日判例自治163号63頁）。

　1）　小学校事例では，担当教諭には，やや開放的になる児童の心理状況をも考慮し，全体の児童の動静をたえず確認し，安全確保のために十分な配慮を行うことが要請されています【1】。養護学校事例では，教諭は，被害児童の血圧，脈，体温を測定，プール内での同女の異常の詳細や，四肢の麻痺についての有無を確かめ，医師にその症状を正確に告げる等，児童の状態を十分な注意力をもって把握する努力と，必要な情報を的確に伝達して適切な対応をとるべき注意義務があるとしています【2】。また，逆飛び込みなどを自主的に練習させるには，指導監督教諭は，逆飛び込みに習熟していない児童に対しては指導監督をする安全義務があるとしています【3】。

　2）　中学校事例をみますと，プールの施設について，プールの水深が飛び込み台の真下において1メートル10センチであるのに，高さ40センチの飛び込み台が設置され，日本水泳連盟および日本体育協会が示した指針にさえ達していなかったということがあります。この場合，どのような指導をしても飛び込み事故は回避できなかったとして，設置管理上の瑕疵があるとしています【4】。日本体育協会の指針が安全指針の一つの参考値となると思われます。

　3）　高校事例をみますと，学校側としては，潜水の危険性からして，その授業の実施には，その危険性等を周知させ，かつ，授業

4 裁判例（平成以降）から見た学校安全

中にも異常が生じた場合には直ちに救助できるよう監視すべき安全義務があるとしています【5】。他方，プールサイドの引き上げ後，意識喚起を行い，心臓マッサージや人工呼吸をしたのであるから過失があるとはいえず，また，事故後かけつけた教諭が直ちに人工呼吸を行わなかったとしても，同時に行うことは困難であるとして，過失はないといっています【6】。当然，安全指針の前提である安全義務としては，担当教諭には，生徒の能力に見合った適切な指導方法をとるべきであり【7】，水泳の指導を行う教諭は，生徒の飛び込みについて，危険な飛び込み方法を試みる生徒の有無をたえず確認するなど，十分な配慮が必要なことはいうまでもないと判決しています【8】。

(b) その他の体育

【9】 小学校の授業として，ソフトボール試合に審判として参加していた小学6年生が，ファウルチップのボールが左眼に当たって失明した（浦和地判平成4年4月22日判時1449号123頁，判タ792号199頁，判例自治102号45頁）。
【10】 中学校3年生の体育の授業において，担当教諭の指示により柔道部員である生徒が大内刈りを掛け，受け身を失敗した相手の生徒に頭部外傷を負わせた（松山地判平成5年12月8日判時1523号138頁，判タ847号263頁，判例自治125号31頁）。
【11】 市立高校単位制課程の生徒（62歳・女性）が体育授業としてのテニス練習中に，他のコートで聴講生の打ったボールが左目に当たり，左眼球打撲・左外傷性後部硝子体剥離の傷害を負った（大阪高判平成10年7月30日判時1690号71頁）。
【12】 私立高校の体育授業で，長距離走に参加した2年生の生徒が死亡した（大阪地判平成9年9月17日判時1642号112頁，判タ962号219頁）。

小学校の授業中，ソフトボール試合の審判として参加していた小学6年生が，ファウルチップのボールが左眼に当たって失明した事故で，指導教諭には防護用のマスクを準備していなかった点，着用

Ⅲ　裁判例から見た安全指針づくり

させなかった点，投手に上手投げを止めるよう指導しなかった点に過失があるとしています【9】。

また，中学校の柔道の授業中においては，担当教諭は，生徒の体力および運動能力，受け身の習得程度等を十分に把握して，これに応じた練習方法を選択するとともに，細心の注意をはらって練習を行うべきとしています【10】。その点は，当然，担当教諭のみならず，学校の設置者にも求められるとしています。しかし，高学年になりますと，この点は当然とは言えません。たとえば，高校におけるテニス練習中の事故では，担当教諭が授業の前に打球に十分注意するように指導していたこと，被害生徒は自己の判断で危険を回避できる能力があったこと等から，試合形式の練習を行うに際しては，危険回避について生徒の自主的判断に任せ，自ら試合に加わる方法によって生徒の指導に当たったことをもって過失があるとはいえないとしています【11】。また，校外に出て長距離マラソンを実施する場合，担当教諭には格別学校グラウンド内で走行中の生徒の状態を観察する人員を別途配置したり，自ら生徒に伴走する義務まではなく，また，倒れて意識を失ってはいたが，脈拍，呼吸がいまだ確認できる状態にある生徒に対し，担任教諭（日本赤十字社主催の救急救命法の講習会に5日間にわたって参加している）には，一義的に心臓マッサージを行うべき義務を課すことはできませんし，人工呼吸も，呼吸が停止する前の段階では，その必要性はないというのが一般的見解であるとして，その義務もないとしています【12】。

(c)　理科実験中

【13】　町立中学校1年生の理科の実験において試験管が爆発し，女子生徒の一眼の視力が低下した（静岡地裁沼津支部判平成1年12月20日判時1346号134頁，判タ726号232頁）。

中学校の理科実験において、教科書記載どおりにしなかった点を義務違反とするものがあります【13】。

この点、教科書記載どおりの授業をしたのかが、はたして安全指針になるのかは疑問です。

(d) 正課授業における安全指針

以上のような裁判例から、一概に言えませんが、学校教育の中心をなしている正課授業は、教諭の児童、生徒等に対する安全を念頭に置きつつ、危険を予見したり、事故を事前に回避すべき義務があるといえます。安全指針も、その点を念頭に置いて立てる必要があります。それは、他の教育活動より高い安全指針が求められると思われるからです。したがって、事故が生じた授業課目ごとにその安全指針を策定することが肝要となります。

その一端を言えば、水泳事故では、事前の指導、現場における指導と監視、事故時における救護体制が中心となりましょう。理科実験においても同様であり、特に、薬品の危険性、安全取り扱いについての、指導ならびに、説明をしたかが安全指針となり、さらに、生徒の動静把握（見張り）も必要となります。

(2) 学 校 行 事

【14】 県立高校の運動会での騎馬戦競技中、複数の騎馬が押し合い一塊になって転倒し、第四頸椎脱臼骨折等の重傷を負った（福岡地判平成11年9月2日判タ1027号244頁）。
【15】 高校の体育祭での棒倒し競技中に、対戦相手の生徒に腹部を蹴られて転倒し、踏みつけられて脾臓破裂等の重傷を負った（福岡地裁小倉支部判平成4年4月21日判タ794号203頁）。

学校行事は、学習指導要領における特別教育活動として、学校の教育活動の一つとして行われるものです。その点は、正課授業中と

同様の安全指針が求められます。ただし，教諭等にとり，正課授業中における場合と異なり，一時的要素が強いことは既に指摘されており（伊藤＝織田115頁），生徒の対応力，校外学習の場合の安全等に予測不能な部分があります。このような点から，事前の調査，計画，指導，事故発生時・発生後の対処等をどの程度するべきかが，安全指針となるのではと思われます。

具体的にみますと，高校の体育祭，運動会関連では，高校設置者である県につき，生徒に対し教育を施す等の特別な社会的接触関係に基づき，信義則上安全配慮義務を負います。特に，校内学校行事の一つである運動会においては，履行補助者である担当教諭を通じて，十分な計画策定，適切な指示，注意，事故が発生した場合の対応等，危険を防止し，生徒の安全を確保するための措置を講じるべき義務があるとし，指導担当教諭についても，説明，指導等をすべき義務，事故防止のための予め監視体制を整えておくべき義務があるといいます【14】。さらに，その際ルールの説明を徹底するとともに，殴る，ける等の暴行行為に対する罰則を告げるなど，事前の指示，注意する義務があるとしています【15】。

(3) 修学旅行，遠足，登山

【16】 遠足に出かけて，公園で遊んでいた小学生が，高さ4メートルのがけから転落死亡した（浦和地判平成3年10月25日判時1406号88頁，判タ780号236頁，判例自治96号29頁）。

【17】 中国への修学旅行中に列車事故が生じ，生徒27名，教師1名が死亡した（高知地判平成6年10月17日判時1514号40頁——高知学芸高校修学旅行事故訴訟判決）。

小学校の遠足に出かけて，公園で遊んでいた小学生が，高さ4メートルの高さのがけから転落死亡した事故では，児童を遠足に引率する教員としては，斜面の下方がどのようになっているかを見分

しておくべきでありながら、それをなさなかったため、児童が転落したがけに気付かなかったのですから、教員には下見の過失があるといいます【16】。また、やや特殊な事例ではありますが、中国への修学旅行中に列車事故が生じ、生徒27名、教諭1名が死亡した事故があります。この場合、安全性の判断は平均的な教職員として通常知り得る事情および修学旅行実施に際して学校が通常行うと期待できる事前調査により知り得る事情により行えばよいのですが、しかし、旅行業者の判断で代替させることはできず、学校独自の判断をしなければならないとしています。しかし、修学旅行コースにつき、多少の危険性の情報を学校側が得たとしても、生徒側から説明を求められない限り、積極的に事情を説明する法的義務はなく、説明義務には違反しないとしました【17】。

(4) 休憩時間

【18】 幼稚園の園庭で、遊びの自由時間に、園児が縄を首に引っかけて窒息死した(浦和地判平成12年7月25日判時1733号61頁)。
【19】 公立中学校の休憩時間中にトイレ内で、3年生の生徒らが、変形学生服の買受けを強要したことを主任教諭に告げたとして、下級生に暴行をふるった(秋田地判平成7年9月22日判夕903号192頁、判時1579号124頁、判例自治145号60頁)。
【20】 休み時間中、廊下で箒(ほうき)をバット代りにして野球遊びをしていた生徒の振り回した箒が、通りかかった生徒の右眼に当たり負傷(浦和地判平成4年2月4日判例自治98号35頁)。

休憩時間、放課後は本来、教諭においても休憩中でもあり、その間に生じた事故について常に責任を負わねばならないかは問題です。したがって、学校、教諭は、どの範囲まで責任を負うのかが、安全指針の目安となりましょう。まず、休憩時間について、幼稚園事故では、園児の遊びの状況を監視する義務があるとしました【18】。中学校事故では、教諭の直接的な指導監督下にない時間・場所で発

生する生徒間の暴行事件については，当該具体的な状況下で予見することが可能な範囲内で，暴行発生の危険性および切迫性を判断し，その程度に応じた指導，保護措置を講じれば足りるとしています【19】。また，高校生同士のけんかによる刺傷死亡事故では，高校の校長，担任教諭には，学校生活において通常発生することが予測可能な範囲内につき保護監督義務が認められるとし，たとえ，所持品検査を実施していなくても，ナイフを用いての死傷事故においては，そこまでの保護監督義務違反は認められないとしています。また，同じく高校生の事故で，教職員が廊下におけるボール遊びにつき，生徒らに対し一般的もしくは現場で口頭による注意にとどめていたからといって，生徒に対する指導監督義務違反があったとはいえないといいます【20】。ここでも，高校生以上になりますと，当然ですが，生徒の安全に対する自主的判断が求められ，安全指針策定のポイントとなると思われます。

(5) 放 課 後

> 【21】 中学校3年生の男子生徒が，放課後教室で自主勉強中に，ささいなことから他のクラスの生徒と喧嘩になり，後頭部を殴打されて死亡した（大分地判平成2年11月13日判タ757号223頁）。

中学校での事故では，教諭が生徒に対して負う保護監督義務は，学校における教育活動およびこれと密接不離の関係にある生活関係に限られます。しかし，その内容・程度は，教育活動の性質，学校生活の時と場所，生徒の年齢，知能，身体の発育状況等，諸般の事情によって異なるとしつつ，学校側には，何らかの事故の発生を予見しうる特段の事情がない限り，担任教諭等に教室に在室ないしは巡回させるなど，生徒の自主勉強に立ち会わせたり，これを監視（見はり）したりすべき義務まではないとしています【21】。

(6) 課外活動

【22】 中学校における水泳部の飛び込み練習中，中学生がプールの底に頭を打ちつけて頸椎骨折等の傷害を負った（横浜地判平成4年3月9日判時1432号109頁，判タ791号233頁，判例自治98号37頁）。
【23】 私立高校の柔道部員が，練習前に練習場で雑巾がけの清掃をしていたが，先輩部員よりプロレス技をかけられ頭部から床に落下し重傷を負った（横浜地判平成13年3月13日判時1754号117頁）。

　課外活動も学校教育の一つであり，正課授業と同様，児童，生徒に対する安全を期すための義務を校長，教諭等は負っていることはいうまでもありません。前に述べたように（【4】），課外活動の施設に関する安全指針づくりも急務とされる中学校における水泳部の飛び込み事故で，練習に立ち会わなかった顧問教諭に過失があるとし【22】，また，柔道部事故では，練習前でも部活動に当たるとしたものがあります【23】。課外活動の安全義務の時的範囲を考える上で参考になりましょう。

　したがって，その際での安全指針づくりのためには，課外活動体制（整備），計画，指導方法，立会い，監視，事故後の措置を中心に策定する必要がありましょう。

(7) 教諭の体罰

【24】 教師から体罰を受けた小学生が，体罰から約1時間後に自殺した（神戸地裁姫路支部判平成12年1月31日判時1713号84頁，判タ1024号140頁，判例自治198号24頁）。
【25】 中学校教師が学校に来ない生徒の家庭を訪問した際に暴行した（体罰）（大阪地判平成9年3月28日判時1634号102頁，判例自治174号77頁）。
【26】 市立中学校生徒が恐喝事件を起こしたことを反省させるために，担任教師らが頭髪を丸刈りにさせたり，海岸の砂浜に首まで生き埋めにする等の体罰を加えた（福岡地判平成8年3月19日判時1605号97頁）。
【27】 県立高校3年生であった原告が，授業中の態度が悪いと生徒指導担当

教諭から説諭されていた際に暴行を受けた（松山地判平成10年4月15日判タ995号142頁，判例自治179号43頁）。
【28】 私立高校3年生の女生徒が，学年集会の場で教師から体罰を受けたことから興奮して取り乱し，転倒したり壁等に身体を打ちつけて負傷した（千葉地判平成10年3月25日判時1666号110頁）。
【29】 県立高校の体育授業中に，教師が生徒の顔面を殴打するなどの体罰を加えたことにつき，学校側の損害賠償責任が認められた事例（福岡地裁行橋支部判平成8年4月16日判時1588号137頁，判タ924号176頁）。

学校教育法は，懲戒行為を認めつつ，学生，生徒，児童に対し体罰を一律に禁止しています（同法11条）。そこで，この懲戒行為か体罰かが問題となっています。また，特に，体罰と直近の自殺との因果関係があるのか否かが問題となったものも多くあります（小学校：【24】，中学校：【25】，【26】。その判決では，教諭のする事実行為としての懲戒は，生徒の年齢，健康状態，場所的および時間的環境等，諸般の事情に照らし，被懲戒者が肉体的苦痛をほとんど感じないような，きわめて軽微なものにとどまる場合を除き，前示の体罰禁止規定の趣旨に反した，教諭としての懲戒権を行使するにつき許容される限界を著しく逸脱した違法なものといえます。【26】のような砂埋めは，肉体的苦痛を感じないようなきわめて軽微な態様のものではありませんし，高校事例では，とりわけ屈辱感等の精神的苦痛は相当なものがあったというべきで，背景等があったとしても，教諭としての懲戒権を行使するにつき許容される限界を著しく逸脱する違法なものであると述べています。高校：【27】，【28】，【29】）。

(8) けんか，暴行

けんか，暴行，いじめの相違は紙一重の問題と考えられた時期もありました。しかし今日では，いじめは一時より減ったと言われていますが，その実態について近年の報道（http://www.mext.go.jp/bmenu/houdou/index.htm，2002年）では，文科省に報告のあったの

は、2万5,037件で、報道の前年に比べて19％減であると述べています。これは1996年度から6年連続の減少ですが、その内容は、小・中・高を通じていえることは、冷やかし、からかいが最も多く、学年が上がるにつれて、暴力、言葉の脅し、たかりなどが増加する傾向にあります。

ところで、暴行とけんかには異質な面があることに留意して、その安全指針を考えなければなりません。また、その行為が行われる場所が、必ずしも学校現場とはいえません。さらに、その態様もさまざまです。これを一律に、教諭に注意義務があるとするには問題があると思われます。

そもそも、これらの事件・事故が学校教育活動に内在する危険か否かも問題です（一般には肯定的に解されています）。したがって、そもそも学校の教育活動と密接な関係から生じたか否かが検討される必要がありましょう。また、加害生徒の親の責任も問題とされていることから、そのすみ分けも勘案されると思われます。

このように、けんかや暴行等に関する安全指針の策定は、今日の学校災害・事故関係ではやっかいな問題ですが、一つの指針は、「予見性」の有無ではないかと思われます。

(9) い じ め

[30] 転校生（小学校5年生・男）が、同級生からの一連の暴行行為により負傷し、登校拒否となった（金沢地判平成8年10月25日判時1629号113頁）。

[31] 給食前の衛生検査の時間中に、担任教諭のいる教室内で、小学校4年生の男子が同級生から足を掛けて転倒させられる暴行を受け、左上腕骨顆上骨折の傷害を負った（東京地判平成5年7月20日判タ901号216頁）。

[32] 市立中学校の1年女子生徒が、同校内のいじめにより自殺した（富山地判平成13年9月5日判時1776号82頁）。

[33] 市立中学の女子生徒（3年生）が同級生の集団暴行に遭い死亡した

Ⅲ 裁判例から見た安全指針づくり

（大阪地判平成9年4月23日判時1630号84頁，判タ968号224頁）。
【34】 中野富士見中学校いじめ事件（控訴審）（東京高判平成6年5月20日判時1495号42頁，判タ847号69頁，判例自治123号11頁）。
【35】 いじめにより小児神経症を発症した（東京地判平成2年4月17日判タ753号105頁）。
【36】 市立中学在学中に同級生から暴行を受け，脾臓摘出の後遺症を負った（大阪地判平成7年3月24日判時1546号60頁，判タ893号69頁）。

　小学校事例で，校長らは，事故発生を予見でき，これを回避する措置をとることもできたにもかかわらず放置しておいた点に過失があるといいます【30】。他方，この予見性につき不可能であったとするものも多くあります（小学校：【31】，中学校：【32】，【33】，【34】）。また，いじめにより小児神経症を発症した事案で，学校教育という集団教育の場においては，児童が他の児童との接触や衝突を通じて社会生活の仕方を身につけて，成長するものですから，学校としては，児童間の衝突が一切起こらないように常時監視を行って児童の行動を抑制し，管理することは適当ではないというものもあります【35】。また，十三中学校「いじめ」事件【36】では，学校側は，あらゆる機会をとらえて暴力行為（いじめ）等が行われているかどうかについて細心の注意を払い，暴力行為（いじめ）等があるとうかがわれる場合には，関係生徒および保護者らから事情聞くなどして，その実態を調査し，表面的な判定で一過性のものと決めつけずに，実態に応じた適切な防止措置（結果発生回避の措置）をとる義務があるというべきであるといいます。そして，このような義務は学校長のみが負うものではなく，学校全体として，教頭をはじめとするすべての教員にあるものといわなければならないといいます。まさに，「組織の責任」を求めているといえましょう。こうした事案から，その安全義務を規定することはかなり難しいのですが，十三中学校事件のいう「実態に応じた適切な防止措置」とはどのようなものかが，安全指針をつくる上での前提となりましょう。

⑽ 学 校 給 食

【37】 学校給食による集団食中毒によりO157感染症に罹患した児童が敗血症により死亡した（大阪地裁堺支部判平成11年9月10日判タ1025号85頁――O157食中毒訴訟第一審判決）。
【38】 小学校6年生の児童が学校給食でそばを食べて喘息発作を起し，緊急帰宅途中で異物誤飲により死亡した（札幌地判平成4年3月30日判タ783号280頁，判時1433号124頁，判例自治98号43頁――そばアレルギー給食訴訟第一審判決）。

平成に入ってから新しく生じた事故として，学校給食問題があります。従来より，食中毒はありましたが，近年の問題はいわゆる食物アレルギーとの関係においてです。学校給食は，学校教育の一つとして行われ，児童側にはこれを食べない自由が事実上なく，献立についても選択の余地はなく，調理も学校側に全面的に委ねられています。また，学校給食が直接体内に摂取されるものであり，何らかの瑕疵（＝欠陥）等があれば直ちに生命・身体に影響を与える可能性があり，さらに，学校給食を食べる児童は，抵抗力の弱い若年者です。こうした点を考えますと，学校給食の安全性の瑕疵によって，食中毒をはじめとする事故が起きれば，結果的に，給食提供者の過失が強く推定されることになります（O157に関し，【37】）。

また，今日深刻な問題となっている食物アレルギーに関しては，給食でそばを食べさせないことの重要性およびそばを食べさせることでのそばアレルギー症の重篤さです。事故を予見し，結果を回避することは可能であるから，担任教諭には，過失があるとし，さらに，教育委員会には，学校給食の提供にあたり，そばアレルギー症の発生に関する情報を現場の学校長をはじめ，教諭ならびに給食を担当する職員に周知徹底させ，事故発生を未然に防止すべきであった，とするものがあります。この点も前に述べた「組織の責任」が問われているといえましょう【38】。少ない裁判例ではありますが，

Ⅲ　裁判例から見た安全指針づくり

安全指針を考える上で，重要なものといえましょう。

(11)　学校開放下

【39】　学校開放下のプールで遊泳中に，小学生が排水口に吸込まれて溺死した（静岡地裁沼津支部判平成10年9月30日判時1678号123頁，判タ1025号133頁）。

　PTA事業として行われたプール開放に参加した町立小学校の5年生が，同校に設置されたプールで遊泳中に排水口に吸い込まれて溺死_(でき し)した事故で，県は，関係法規上，県教育委員会は，市町村に対し，教育事務の適正な処理を図るため，あるいは学校における保健，安全に関し，必要な指導，助言，援助を行うものとされています。しかし，県は，町に対し，学校プールの安全に関し，必要な指導等を行い，プールの排水溝の蓋_(ふた)をボルト等で固定する措置を要求する通知を伝達するなどの措置を講じてきたとのことから，町に対する指導等に関して，違法はないとしました。他方，直接の設置者である町は，排水溝上の蓋_(ふた)がボルト等により固定されていなかった点，学校プールの設置，管理上の瑕疵_(か し)があるとしました【39】。

(12)　学校設備の瑕疵

【40】　中学校で生徒が，校舎3階の窓から2階の庇に飛び下りようとした際，押されて地面まで落下し，傷害を負った（高松高判平成9年5月23日判例地方自治171号71頁）。

　中学3年の生徒が，校舎3階にある教室の窓から2階の庇_(ひさし)に飛び下りようとした際，追ってきた他の生徒に押される形となって地面まで落下し，両踵骨骨折，腰椎圧迫骨折等の傷害を負った事故で，中学校校長は全生徒に対して事故防止についての指導，注意を行っ

ていたとし,防護パイプ,防護ネットの設置等の作為義務はないとしました。そして,事故は,教室の窓の通常の用法に反し,設置管理者の通常予測できない生徒の行動によって発生したものですから,営造物の設置・管理の瑕疵(かし)はないとしたものがあります【40】。

(13) 健康診断

【41】 中学校での健康診断結果を保護者に通知しなかったところ,ジョギング中に心臓発作により死亡した(大阪高判平成9年4月25日判時1613号106頁,判タ956号177頁(評釈論文:矢澤久純),法学新報105巻1号171頁)。

中学校の健康診断でWPW症候群(経過観察)と診断されましたが,その診断結果を保護者に通知しなかったところ,ジョギング中に心臓発作により死亡した事故で,学校保健法6条1項・7条,学校教育法12条,同法施行規則26条の各規定によれば,学校において定期健康診断を実施するのは,生徒らを日常管理している学校が生徒らの健康状態を知ることにより,生徒らの健康の保持増進を図り,もって適切な学校教育を推進することを目的としているものであること,そのためには,学校のみならず生徒らおよび保護者においても生徒らの健康状態を正確に認識していることが必要不可欠であること,生徒らも学校において定期健康診断が実施されるために自ら他の医療機関において健康診断を受ける必要がないことが予定されているなどの趣旨で,学校保健法7条1項の通知がなされることになっていることから,生徒らおよび保護者は健康診断の結果の通知を受ける法的利益を有しており,学校には通知義務があり,生徒については健康診断の結果を正確に把握できる能力が未熟であるから保護者に対する通知も必要であるといいます【41】。

Ⅲ 裁判例から見た安全指針づくり

⒁ 教育環境

> 【42】 障害児らの不登校状態が長期間継続し，その結果教育を受ける権利・学習権を侵害されたのは教育環境に問題があると両親らが訴えた（大阪地判平成12年2月17日判例時報1741号101頁）。

障害児に対し，小学校の校長が普通学級で授業を受けさせる義務，具体的な教育計画を策定する義務，適正な教員を配置する義務，普通学級で十分な教育を受けられるよう担当教員を通じて働きかける義務（教育環境整備義務）を負っていたのにこれに違反したことにより，児童らの不登校状態が長期間継続し，その結果教育を受ける権利，学習権の侵害，学校教育における発達の機会の剥奪により，児童らに著しい苦痛があり，またその両親らにも，学校側との交渉過程で精神的に苦痛を負ったと訴えました。しかし，判旨は，小学校の校長に，一般的に教育環境整備義務は認められないとしました【42】。

5　安全指針（Safety Standard）づくりの視点

以上の裁判例を前提に考えますと，学校災害の問題は，新たな局面を迎えつつあるのではないでしょうか。すなわち，基本的な理念としての「子どもの安全権」，「安心して生きる権利」，「安心して学ぶ権利」のそれぞれの保障です。これまでも，学校災害の問題はこの点をふまえつつ考えられてきましたが，より鮮明にこの視点で考えることが望まれてきています。それには，学校の安全指針（Safety Standard）をつくる必要があると思われます。

学校安全指針を考えるには，一般的指針と具体的指針に区分できるでしょう。一般的安全指針では，学校教育は，心身の発達過程にある多様，かつ，多数の生徒を，包括的・継続的な支配，監督の下

5 安全指針 (Safety Standard) づくりの視点

に置き，生徒らに対し，その支配・管理している施設や設備を利用して，所定の教育計画に従った教育を施すことになっています。したがって，一般的安全指針としては，設置者には，そうした特別の状況に入った者に対して生命・身体の危険が及ぶことのないよう，それらの危険から保護するということになると思います。

この一般的安全指針を前提に，具体的な安全指針づくりをすることになります。

そこで，今後安全指針をつくるための参考になると思われるいくつかの視点を提示しておきましょう。

学校安全指針を考えるには，まず，

① 学校活動の安全指針　これまで述べてきた，学校災害の裁判例がその指針の一端を提示してくれるのではないでしょうか。
② 運営，組織の安全指針　これは本書の大きなテーマです。組織責任の問題がそれに当たります。これには，防災，救急，防犯が問題となりますが，組織責任の問題からは，学校の適切な配置と規模（物的，人的），教育財政・労働条件の整備がなされたかが焦点となります（後述7参照）。
③ 施設，設備の安全指針　たとえば，老朽化した校舎，遊具等の耐用年数などから，その維持，点検，修理をしたかが問題となります。それに関連する法律としては，国家賠償法（2条），民法（717条の工作物責任），建築指針法，消防法等です。

そこで，こうした点をふまえて，これまでに出されてきた裁判例を参考に，学校安全指針の一端を考え，さらに，この安全指針を越えた場合，その損害賠償が問われる限界がどこにあるかをみなければならないと思います。

Ⅲ　裁判例から見た安全指針づくり

6　災害（事故）態様別安全指針の試論

　一般的な安全指針を作るための視点を前提に，災害を防止するための安全指針，
災害発生時，発生後の安全指針を事故態様別に提言をしておこうと思います。

①　**正課授業における教師等の安全指針**

　ⓐ　一般的な安全指針としては，学校設置者，校長，教頭，教諭には，児童，生徒等に対する安全について，危険の予見と回避する努力をしたかということです。

　ⓑ　水泳授業　　担当教諭が，事前の安全指導，現場における安全指導，生徒，児童の動静を注視・監視をしていたかであり，見張り，立会等がなされたか否かです。

　ⓒ　理科実験中　　理科の実験など危険物を取り扱う授業では，教育を受ける者の年齢を考慮する必要がありますが，たとえば，薬品の危険性・安全取り扱いについての指導・説明・生徒の監視等がなされていたか否かです。また，授業遂行のためにする調査・検討が十分になされていたか，また計画が入念に立てられていたかです。

②　**学校行事**

　学校行事は，学習指導要領における特別教育活動として，学校の教育活動の一環として行われるものですから，その点は，正課授業中と同様の安全指針が求められます。ただし，正課授業中とは異なり，一時的要素が強いことを考慮に入れる必要があります。たとえば，高校の体育祭・運動会関連では，担当教諭を通じて，十分な計画策定，適切な指示，説明，指導，注意がなされたか，事故防止のための予め監視体制を整えられたか，事故が発生した場合の対応等危険を防止し，生徒の安全を確保するための措置を講じたかが求め

られます。

③ 修学旅行・遠足・登山事故

これらの校外学習では，どのような危険が生ずるかは学校内における事件・事故以上に，予見することが困難です。また，児童，生徒の気分が開放的になります。したがって，前に述べた学校行事に求められる安全指針に加え，当該学習の教諭等の事前の下見が十分なされたか，その計画が適格であったか，万が一の事故発生時，発生後の対処措置を十分に立てていたかが安全指針となると思います。

④ 休憩時間・放課後事故

休憩時間は，児童，生徒にとり，校外学習と同じように開放的な気分になります。しかし，その時間の自由性を奪ってしまうことも問題です。そこで，具体的な状況下での暴行発生の危険性および切迫性を予見できたか。注意，用心（状況を監視）を図り，環境変化への対応を適切にしたかです。放課後事故では，教師が生徒に対して負う保護監督義務は，学校における教育活動およびこれと密接不離の関係にある生活関係に限られますが，その内容・程度は，教育活動の性質，学校生活の時と場所，生徒の年齢・知能・身体の発育状況等諸般の事情によって異なりましょう。

⑤ 課外活動

課外活動も学校教育の一環ですから，正課授業と同様，児童，生徒に対する安全を期すための義務を校長，教師等は負っています。

水泳部の飛び込み練習では練習中のみならず練習前にも立ち会うことは必要です。

一般的には，課外活動体制（整備），計画，指導方法，立会い，監視，事故後の措置が，教師，学校設置者等においては，知識の拡充，手順の遵守，判断の正確化，調査，検討の充実，計画が綿密になされたかが，課外活動の安全指針となるでしょう。

⑥ いじめ

関係生徒および保護者らから事情聴取をするなどして，その実態を調査し，表面的な判定で一過性のものと決めつけないようにすることです。「実態に応じた適切な防止措置」を講じたかどうかが重要になります。

⑦ 学校給食

学校給食事故はこれを予見し，結果を回避することは可能です。また，教育委員会には，学校給食の提供にあたり，そばアレルギー症の発生に関する情報を，現場の学校長をはじめ，教諭ならびに給食を担当する職員に周知徹底させることが必要です。

⑧ 事故発生時と，事故後の対応についての安全指針

以上のそれぞれの箇所でも述べましたが，ここで，改めて事故発生時と発生後の安全指針をまとめておきたいと思います。

(ア) 事故発生時　事故発生時にその対処の判断が正確になされたかどうかが重要です。

なお，その前提として，その判断を正確にするために，何らかの事前の講習等がなされてきたかは当然求められると思います。

(イ) 事故発生後の対応（救急，保護者への連絡等）　事故発生後は，速やかに情報を公開し，セキュリティーのプロ（警察・救急）に任せる措置が適切になされたかがその指針となります。

7　組織の安全指針

今日の学校安全指針を作る上で欠かせない問題は，学校組織の責任をどう考えるか，そして，その安全指針とはどのようなものなのか，ということです。学校における事故もその原因がさまざまであることは当然として，その責任を負う者にしても，直接の加害者はもとより，その担任教師からその学校の設置者まであります。しかも，今日の学校事故は，たとえば，担任教師の個人の責任というよ

り，学校の体制の不適切，不十分な組織づくりに基づくと思われるものが多くなってきています。これは，何も，学校事故に限りません。しかし，今日の，多くの活動が個人によりなし得ることが困難になり，多くの人間の組織活動に負うことが多くなってきているからです。たとえば，医療事故に関しては，病院の責任を，高度の組織機能の責任，また，病院自体の有責性の問題としてとらえようとするものもありました（唄孝一「現代医療における事故と過誤訴訟」（唄＝有泉編『現代損害賠償法講座4』25頁以下）。しかし，それは，医療という特殊な体制の下における責任の問題としてであり，いわゆる組織責任を一般化するものではなかったと思われます。そこで，こうした考え方を，学校事故一般に適用することができないかが問われ，その上で，学校組織の安全指針について考える必要があると思われます。

　組織責任を考えるためには，まず，組織義務とは何かを考える必要があります。組織の責任者には，その組織と関わり合いをもった者に対して，一般的な意味での避けることのできる損害から保護する義務があるということです。組織の責任を考えるための要素は，①人的組織責任と，②物的組織責任に区分できるのではないかと思います。

　①　人的組織責任とは，組織人が組織において一般に求められる義務に反することです。具体的には，組織人の地位，権限，組織における分業関係により判断されます。当然，その組織人が置かれた分野がどのようなものかが重要な基準となり，その安全指針は，人員の配置，任務の割り当て等の監督者の義務が問題となります。たとえば，組織の上位にある者には，組織の下位の者に対して，有効な指示を与え，その遵守を監督できるだけの能力を有する者を配置しているか否かです。また，組織は，その専門性等において，相応の能力を有する者を配置しているかです。つまり，その組織の上位

Ⅲ　裁判例から見た安全指針づくり

にある者が，そうした義務が果たせるような環境を整えているか否かが，安全指針となります。

　さらに，組織という観点から，たとえば，組織責任者は，提供すべき不可欠な情報を把握しているか，また，それを実行者（末端組織者）に説明をしたかです（情報提供の確保に関する組織義務）。なお，人的組織責任を考える上では，組織の長と，末端組織者との間の中間責任者の安全指針も問題となりましょう。指導的中間責任者の責任は，組織としての行為の分業体制と併せて考える必要があります。すなわち，いわゆる，その分業体制が，水平的か，垂直的かということです。水平的である場合は，自己の最善の注意をはらっていればいいわけですが，垂直的な場合は，組織の長と同様の責任が生じると考えられるからです。

　②　他方，物的な組織責任とは，組織責任者が，その組織の構成員が行為を行う場合に必要な物を提供することです。学校においては，児童・生徒の安全に配慮した施設を備えていることが考えられます。しかも，その物に関する情報も同時に提供される必要がありましょうし，当然，それらの物についてのメンテナンスを行っていたか否かが安全指針となります。

　このような観点から，個別の事件・事故に関する安全指針に加えて，組織の安全指針を示す努力をする必要があると思います。

（橋本恭宏）

資料編

1 学校安全法要綱案
2 学校安全・防犯対策の基本資料
 (1) 行政の取り組みの現状
 (2) 大阪教育大学教育学部附属池田小学校事件：
    遺族と文部科学省の合意書
    【資料①】合意書
 (3) 文部科学省，学校安全管理通達，政策文書
    【資料②】京都市立日野小学校事件をうけた文部
          省（当時）の通知
    【資料③】池田小事件をうけた文部科学省の通知
    【資料④】学校安全緊急アピール
    【資料⑤】大阪府寝屋川市立中央小事件をうけた
          文部科学省の通知
 (4) 文部科学省　学校安全管理，全国調査結果（抄）
    【資料⑥】防犯監視システムを整備している学校
    【資料⑦】国公私立小・中学校における防犯監視
          システムの整備と警備員の配備状況
 (5) 参 考 文 献

資 料 編

1 「学校安全法」要綱案

2004年5月30日
日本教育法学会
学校事故問題研究特別委員会

[目 次]
第1章 総 則
　1　この法律の目的
　2　基 本 理 念
　3　定義，対象の範囲
　4　国，地方公共団体の学校安全基準制定義務
　5　学校設置者，学校の安全管理義務
　6　学校安全職員の配置，安全点検
　7　安全教育，安全研修の機会
　8　国の財政上の措置
第2章 学校安全基本計画
　9　国の学校安全基本計画策定義務
　10　学校安全基本計画の内容
　11　学校安全基本計画審議会の設置
　12　学校安全基本計画の策定，公表の手続
　13　地方公共団体の地域学校安全計画策定義務
第3章 学校安全基準
　14　学校施設設備の安全基準
　15　学校環境衛生の安全基準，安全管理
　16　危険度の高い環境下での活動にともなう安全規模・配置基準
　17　安全な通学条件の整備と適正配置
　18　学校安全職員等の配置基準
第4章 学校安全の管理体制
　19　国，地方公共団体の学校安全管理
　20　学校，学校設置者の学校安全管理
　21　学校防災・保全対策
　22　学校防犯対策
　23　教育活動における安全配慮義務

24 学校災害発生時の救護体制,通報・報告義務
25 学校災害の原因究明責任と相談・調査
26 日本学校安全センター

総　則

第1　(この法律の目的)

この法律は,教育基本法の趣旨に則り,学校の管理下における児童等及び教職員の災害を防止するための学校環境の最低基準及び学校安全に関する責任体制の確立を図り,かつ学校における安全管理に関し必要な事項を定め,安全な教育活動の促進の措置を講ずる等,総合的計画的な対策を推進することにより,学校における児童等及び教職員の生命,身体,健康の安全を確保することを目的とする。

第2　(基本理念)

1 児童等は,児童等の最善の利益の原則に基づき,安全に教育をうける権利を有する。この権利を保障するために,国及び地方公共団体は,学校の安全を確保する責務を果たすよう努めなければならない。

2 学校教育においては,児童等及び教職員の生命,身体,健康の安全が最優先に確保されなければならない。

3 学校教育においては,学校の自主的創造的な教育活動を妨げることなく,また児童等及び教職員のプライバシー等の人権の尊重に基づき,安全な学校環境を維持・管理するように努めなければならない。

4 学校環境の整備にあたっては,この法律で定める学校災害の防止のための最低基準を守るだけでなく,快適で創造的な学校環境の実現と教育条件の改善を通じて児童等及び教職員の安全と健康を確保するようにしなければならない。

5 児童等及び保護者,教職員は,1,2,3,4の趣旨をふまえて,豊かな学校環境の創造のために,学校設置者に対して安全かつ快適

な学校環境整備を求める権利を有する。

第3 (定義,対象の範囲)

この法律において,次の各号に掲げる用語の意義は,当該各号に定めるところによる。

1) 学校　設置者のいかんを問わず,大学を除き,学校教育法第1条に定める学校をいう。
2) 児童等　学校に在学するすべての児童,生徒及び幼児をいう。
3) 教職員　学校における所定の職員その他臨時任用の職員など必要な職員をいう。
4) 学校災害　学校の管理下における児童等又は教職員の負傷,疾病,障害及び死亡をいう。
5) 学校安全　学校災害の直接的防止のほか,学校環境の保全・衛生条件の確保,学校における防災,防犯等の外来的危険の防止,学校救急体制の確保などを含み,学校における安全教育および安全管理の総体をいう。
6) 学校環境　学校施設設備,教具・遊具等の物的条件,学校安全管理職員等の人的・運営的条件及び学校周辺の地域的条件をいう。
7) 学校における安全管理　国,学校設置者,学校による学校災害の防止のための学校環境の維持管理,点検・評価,修繕等を行う業務の総称をいう。
8) 最低基準　人的,物的,運営的に最低限度遵守すべき学校環境の基準をいう。

第4 (国,地方公共団体の学校安全基準制定義務)

1　国は,児童等の安全に教育を受ける権利を十全に保障し,学校の安全確保をはかるために,この法律に定めるもののほか,文部科学大臣の定めるところにより,学校安全最低基準を制定しなければならない。

2　国は,第9に定める学校安全基本計画に基づいて,学校安全を促進していくための機構の整備をはかり,学校安全最低基準の遵守状況を調査し,その効果を検証するとともに最低基準の見直しを図らなければならない。

3 地方公共団体は，国が定める最低基準をふまえて，より安全かつ快適な学校環境を整備するために，学校安全適正基準を制定し，かつ第13に定める地域学校安全計画に基づく施策を実施しなければならない。

4 地方公共団体は，学校による安全点検を促進するために，学校安全点検基準を作成するとともに，必要な調査・検証を行わなければならない。

第5 (学校設置者，学校の安全管理義務)

1 学校を設置する者は，国が定める学校安全最低基準及び地方公共団体が定める学校安全適正基準に従い，安全かつ快適な学校環境を整備し，点検・評価等により維持管理に努め，日常的に改善していかなければならない。

2 学校は，地域や家庭との信頼・協力関係を確立し，安全かつ快適な学校環境を整えるよう努めなければならない。

第6 (学校安全職員の配置，安全点検)

1 学校には，学校安全を総括する学校安全管理者その他の必要な学校安全職員を置かなければならない。

2 学校は，第20第2項に定める学校安全計画をふまえ，児童等及び保護者などの協力の下で，定期的に学校環境の安全点検を行うものとする。

第7 (安全教育，安全研修の機会)

1 学校においては，あらゆる機会を通じて，安全教育を行うとともに，児童等が安全についての学習を行うための機会が保障されるものとする。

2 教職員は，救急処置などを含む安全研修を受ける機会が保障されるものとする。

第8 (国の財政上の措置)

国は，児童等及び教職員の生命，身体，健康の安全確保に欠かせない教育条件整備の促進のために，国が定める学校安全最低基準及び学校安全基本計画の実施に要する財源措置等をとらなければならない。

資料編

第2章 学校安全基本計画

第9 (国の学校安全基本計画策定義務)

国は,児童等の安全に教育を受ける権利を保障するために,学校災害の防止のための主要な対策に関する事項その他学校安全に関する重要な事項を定めた学校安全基本計画を策定し,かつこれを実施し及び評価・検証しなければならない。

第10 (学校安全基本計画の内容)

国は,学校安全基本計画を策定する際には,児童等の安全に教育を受ける権利を保障するために,以下の項目を含めるものとする。
1) 学校災害の防止のための環境整備など主要な対策
2) 児童等が自ら危険を回避する能力をつけるための安全学習の促進
3) 学校安全に関する広報,研修のための措置
4) 学校安全に関する地域啓発,普及のために行う NGO・NPO 活動の奨励・支援及び連携・協働

第11 (学校安全基本計画審議会の設置)

国は,学校安全最低基準の制定,学校安全基本計画の策定,教育財政その他本法の目的達成に必要な事項を調査審議し,勧告,建議する諮問機関として,文部科学大臣の定めるところにより,学校安全基本計画審議会を設置する。

第12 (学校安全基本計画の策定,公表の手続)

1 国は,学校安全基本計画を策定するにあたって,教職員,児童等,保護者をはじめ国民の意見を反映するために,公聴会の開催その他の適当な方法により,広く国民の意見を聴く機会を設けるように努めなければならない。
2 国は,学校安全基本計画の策定の後は,速やかにこれを公表しなければならない。

第13 (地方公共団体の地域学校安全計画策定義務)

地方公共団体は,地域において学校安全を促進していくために,第9,第10,第11,第12に準じて地域学校安全計画を策定し,かつこれを実施及び評価・検証しなければならない。

第3章　学校安全基準

第14（学校施設設備の安全基準）

1　国は，児童等の特性をふまえて，その生命，身体，健康の安全を確保し，重大事故の防止を図るために，以下の事項に留意して，学校施設設備に関する安全最低基準を定めるものとする。

1）校舎，体育館等においては，転落，墜落事故等の防止のために，その設置に際しては教室等の階数を三階までに計画するなどの適切な安全措置をとる。

2）三階以上に教室を配置する際には，窓等についてテラス設置等の転落防止措置をとるとともに，転落，墜落による重大事故の発生を未然に防ぐために，その教室のある校舎周りを植え込みにするなど安全措置をとる。

3）校庭においては，衝突，転倒事故等の防止のために，相当の広さを確保するとともに，学校災害を誘発する硬質の表層，障害物，地面の凹凸等が除去され，子どもが安心して活動できるよう安全措置をとる。

4）体育館，廊下等においては，転倒，衝突，倒壊事故等の防止のために，床面・側壁面について硬質の表層を避け，木質化をはかるなど，適切な安全措置をとる。

5）学校プールにおいては，水底衝突事故，溺死事故等の防止のために，子どもの体格に配慮するとともに，浮具等の整備のほか，プールの水深，水温，透明度等について安全配慮するとともに，排水口の蓋の固定等の安全措置をとる。

6）学校の教具・遊具等は，材質，構造，耐用年数などについて安全管理上，保健衛生上適切なものでなければならず，それに応じた適切な安全措置をとる。

7）学校の施設設備は，地震等による災害防止，不審者侵入等による災害防止，集団食中毒等の防止のために，安全管理上，保健衛生上の適切な安全措置をとる。

8）学校の施設設備は，障害のある児童等の安全上，その利用に支

障のないように適切な安全措置をとる。

2 国は，学校施設設備に関する安全最低基準の制定のために，学校安全基本計画審議会に諮らなければならない。

第15（学校環境衛生の安全基準，安全管理）

1 国は，学校安全基本計画審議会に諮り，学校の換気，採光，照明及び保温，清潔等について，学校環境衛生に関する安全最低基準を定めるものとする。

2 学校設置者及び学校は，学校保健法及び別に定める学校環境衛生基準に基づく安全点検及び衛生検査を毎学期定期に行い，前項の安全最低基準の遵守に努め，必要に応じて改善，修繕し，安全かつ衛生的な環境の維持を図らなければならない。

3 学校は，第20第2項に定める学校安全計画に基づいて，学校給食の衛生検査の促進に努め，食品衛生の管理，食中毒・アレルギー等の予防及び危険食器の除去等の学校給食の安全衛生管理に努めなければならない。

第16（危険度の高い環境下の活動にともなう安全規模・配置基準）

国は，海，山，川，プールなど危険度の高い環境及び休日・宿泊行事等の校外における教育活動に関して，児童等の安全の確保ための児童数の制限，安全規模や監視要員，救急処置等の随行者の配置等に関する安全最低基準を制定するものとする。

第17（安全な通学条件の整備と適正配置）

地方公共団体は，学校の設置にあたって安全かつ適正な配置を行うように努めるとともに，地域学校安全計画に基き，交通事故，誘拐，通り魔等の防犯など安全な通学路及び地域環境のもとで，児童等が安心して通学できる条件を整えなければならない。

第18（学校安全職員の職務と配置基準）

1 学校には，児童等及び教職員の生命，身体，健康の安全を確保するために，学校安全を本務とする学校安全管理者，安全監視員，養護教諭，学校医，学校歯科医，学校薬剤師，学校栄養職員その他必要な学校安全職員を置かなければならない。

2 学校安全管理者は，文部科学大臣の定めるところにより学校設置

者によって任命され，学校安全に関する講習を受けて，学校における安全組織体制を統括するとともに，学校安全計画の遂行等総括的な学校安全確保のための業務に従事する。
3 　安全監視員は，学校安全に関する必要な研修を受け，学校の防犯等の安全監視のための業務に従事する。
4 　国は，学校安全の確保のため，学校安全職員の配置に関する最低基準を定めなければならない。

第 4 章　学校安全の管理体制

第19（国，地方公共団体の学校安全管理）

1 　国は，本法第 3 章に定めた学校安全基準の水準維持，向上を図ることなど，児童等及び教職員の生命，身体，健康の安全確保に必要な学校の安全条件の整備に努めるとともに，学校の安全管理に関する各種手引き等の作成，配布等及び防犯教室等の講習会の開催等の普及活動の促進に努めなければならない。
2 　地方公共団体は，本法第 3 章に定めた学校安全基準の遵守に努めるとともに，学校の安全管理をさらに促進するために，学校安全管理に関する指針及び学校環境の安全点検基準，点検要領その他の安全管理の手引き等の作成，配布に努め，又，学校安全職員の整備，研修等の人的条件の確保に努めなければならない。

第20（学校及び学校設置者の学校安全管理）

1 　学校及び学校を設置する者は，学校の自主的創造的な教育活動の発展をはかるとともに，児童等及び教職員のプライバシー等の人権の尊重に基づき，学校，地域の事情を考慮して児童等及び教職員の生命，身体，健康の安全を確保しなければならない。
2 　学校は，前項の趣旨をふまえ学校安全の重要性について研鑽をつむとともに，教職員のほか児童等，保護者及び地域住民から構成される学校安全組織を整えて，学校安全基本計画及び地域学校安全計画をふまえた学校安全計画を策定し，かつこれを実施及び評価・検証しなければならない。
3 　学校は，地方公共団体が定める学校安全点検基準をふまえて，学

資料編

　　校環境に関し組織的，定期的に安全点検を行い，必要に応じ学校設置者に対して学校環境の改善要望，意見等を提出することができる。
4　学校を設置する者は，学校における学校環境の安全点検等の評価結果，改善要望等をふまえ，かつ本法第3章に定める学校安全基準の維持・向上を図り，安全な学校環境を確保していくために，必要な修繕等危険を防止するための措置をとらなければならない。
5　学校を設置する者は，前項の措置をとるとともに，そこで得た事故事例，安全対策等に関する情報を整理し，学校安全基準及び学校安全計画の改善に必要な情報を関係機関等に提供しなければならない。

第21（学校防災・保全対策）

1　国及び地方公共団体は，学校安全基本計画及び地域学校安全計画を実施するとともに，法令で定める耐力度調査に基く改修のほか，学校施設の耐震性の強化を図るために適切な措置をとる等，学校環境の保全管理に努め，又，学校防災・保全に関する諸基準の整備，手引きの作成，配布等に努めなければならない。
2　学校及び学校を設置する者は，防災教育の充実をはかるとともに，児童等及び教職員の生命，身体，健康の安全を確保するために，防火施設設備，器具及び避難施設・用具など学校災害に備えた学校環境の整備，避難誘導計画の実施等の防災・安全管理に努めなければならない。

第22（学校防犯対策）

1　国及び地方公共団体は，児童等及び教職員の生命，身体，健康の安全を確保するために必要な学校防犯に関する学校安全基本計画及び地域学校安全計画を策定し，これを実施するとともに，学校防犯に関する法令等の整備，人的・物的条件の確保を行い，又，基準・手引き等の作成，配布，研修体制の整備等，学校防犯に関する研修・広報，普及に努めなければならない。
2　学校を設置する者は，地域学校安全計画をふまえて，児童等及び教職員の生命，身体，健康の安全を確保するために，以下の事項を含む学校防犯マニュアルを作成し，これを実施しなければならない。

(1) 防犯教育の充実・徹底
 (2) 安全監視員等による安全監視システムの確立
 (3) 防犯ライト等の防犯設備・器具の整備
 (4) 通報，警報設備・装置，警備連絡システム等の確立
 3 学校は，前項の学校防犯マニュアルをふまえ，日常的に不審者侵入に備えた防犯教育の徹底，学校警備の強化，学校防犯環境の改善等を図るなど学校の防犯管理に努めなければならない。
 4 学校は，児童等の生命，身体に危険があると判断される場合，不審者侵入の際の防護用具，応急手当用具等の整備，避難経路等の確保をはかり，安全監視員体制の強化もしくは地方公共団体が定める設置・使用基準に従い学校防犯に必要な監視設備を設けるなど，緊急の学校防犯管理に努めなければならない。

第23（教育活動における安全配慮義務）

教員は，授業，学校行事，学校給食等の教育活動中及びこれらと密接に関連する活動において，児童等の人権を尊重するとともに，児童等の教育をつかさどる立場から，その生命，身体，健康の安全に配慮する義務を有する。

第24（学校災害発生時の救護体制，通報・報告義務）

 1 学校を設置する者は，学校災害の発生に備えて，救急体制の確立に努めるとともに，すべての教職員が，救急手当て等の救急対応ができるよう研修体制の整備に努めるものとする。
 2 教職員は，児童等に係る学校災害が発生した際には，直ちに適切な救急措置を行い，保護者に連絡するとともに，明らかに軽度で医療行為を要しないと判断される場合を除き，救急車の手配を含め学校医など地域の医療機関等関係機関に通報・連絡しなければならない。
 3 学校は，学校災害の発生後においては，関係機関に報告するとともに，被災児童等・保護者に対して災害の発生原因，事実経過等について速やかに情報提供しなければならない。
 4 学校は，上記の報告書等の作成にあたっては，被災者・保護者の意見を適正に反映するように努めるとともに，学校災害の再発防止

のために必要な情報を関係機関に提供するものとする。

第25（学校災害の原因究明責任と相談・調査）

1　国及び地方公共団体は，その所轄する学校に係る学校災害の原因究明に責任を果たさなければならない。

2　国及び地方公共団体は，学校災害の原因究明及び救済・予防に関して生じた苦情等について，適切かつ迅速に対応し，被災児童等・保護者家族が安心して相談に応じることができる体制の整備等に努めなければならない。

3　国及び地方公共団体は，被災児童・保護者家族から原因究明について申立てがあった際は，速やかに調査し，その結果を申立人に報告しなければならない。

4　上記の苦情処理等の相談・調査に当たる組織は，被災児童等・保護者家族が不当に不利益を受けることを防止し，児童等の最善の利益の原則に則って，中立かつ公正な判断に努めなければならない。

5　被災児童・保護者家族は，原因究明のためにさらに調査が必要と判断した場合，その調査を日本学校安全センターに依頼することができる。

第26（日本学校安全センター）

1　国が定める学校安全最低基準の維持・向上，重大事故の発生等にともなう必要な調査及び調査結果に基く指導，勧告及び調査結果の公表，学校災害共済給付事業，学校安全普及事業等の救済，広報等を行う第三者機関として，独立行政法人日本学校安全センターを設置する。

2　日本学校安全センターは，学校安全基準の水準維持・向上を図るため，適宜国及び地方公共団体に対して勧告を行うものとする。国及び地方公共団体は，日本学校安全センターの勧告にもとづき適切な安全措置をとるものとする。

3　日本学校安全センターの組織及び運営に関する事項は別に定める。

2　学校安全・防犯対策の基本資料

(1) 行政の取り組みの現状

　文部科学省は，相次ぐ学校への不審者侵入事件が発生するたびに，教育委員会や学校関係者などに対して，安全管理について通知をだしてきました（**資料②，③**）。通達行政の限界は，先に分析したように，池田小学校遺族との合意書（**資料①**）においても明らかです。また，一般向けに出された「学校安全緊急アピール―子どもの安全を守るために」も，学校安全の危機について喚起を促してきたものの必ずしも効果的であるとはいえません（**資料④**）。

　さらに文部科学省は，寝屋川中央小事件後に「学校の安全確保のための施策等について」通知をだしました（**資料⑤**）。その中で「教職員の防犯訓練等の集中実施」や「PTAや地域のボランティアなどの参加を得て，学校内外の巡回，学校の門や通学路等の要所での監視」などが施策として提示されています。

　関連してすでに文部科学省は，平成17年度から，ボランティアに専門教育と訓練を行わせ，スクールガードとして養成する事業を展開し始めています。そのような施策は確かに財政負担が少なく，多くの自治体で実施できる可能性はありますが，その反面，教職員や市民に対して「不審者」対応を求めることは，その分だけリスクを伴い，被害を受けた場合の補償への配慮などが欠けていることなど検討課題も山積しています。特に，教職員については，子どもへの教育活動がその本務であるはずですし，ただでさえ多忙ぶりが叫ばれている中で，学校防犯の取り組みまでをも教職員に課すことは大変酷なことではないでしょうか。

　なお，平成17(2005)年1月に公表した『「学校安全管理の取組状況に関する調査」について』から，その全国的な状況を知ることができます。

　学校防犯の防犯監視カメラやモニタ・センサー付き門扉などハード（物的設備）面の整備は，とりわけ池田小事件以降，社会的ニーズが高

いといわれてきたわけですが，文部科学省の調査結果（平成16年3月31日時点）によると，全国の国公私立の小中高および養・聾・盲学校，幼稚園をあわせて約45%が整備しています（**資料⑥**）。

学校設置者によって学校防犯対策の状況も異なるという実態も，前出の文部科学省の調査から明らかになっています。すなわち，防犯監視カメラなど防犯監視システムの設置状況や，警備員などの配備状況は，国立学校，公立学校，私立学校では大きく異なっていることがうかがえます（**資料⑦**）。

すなわち，小中学校における防犯監視カメラなどの整備状況は，国立で92.6%，公立で42.3%，私立で69.3%となっており，警備員などの配備状況は，国立で100%，公立で5.0%，私立で55.2%となっています。その状況をみると，公立学校は，国立や私立学校にくらべ，防犯監視カメラなどの整備や警備員などの配備について，かなり低い割合となっていることがわかります。このように，学校防犯の具体的な施策は財政問題がその施策の在り方や展開状況に大きく関わっており，自治体による対策だけでは限界があるということがうかがえます。

公立学校における学校防犯対策は，設置者管理主義の観点からいえば，その設置者である教育委員会にその裁量がまかせられていますが，そうすると必然的に，それぞれの自治体の財政問題が大きく関わってくることになります。公立学校の学校防犯対策が，国立および私立学校に比べ進んでいない状況は，まさに自治体の財政逼迫を反映したものだと考えられるでしょう。しかし，財政問題を理由に学校安全を棚上げにするわけにはいきません。

憲法上，すべての子どもや教職員は，安全，安心して生きる権利（憲法13条・25条）を有し，すべての子どもは安全に教育を受ける権利（憲法26条）を有しています。したがって，学校安全におけるこのような格差については，子ども，国民の"ひとしく安全に生き，教育を受ける権利"の侵害問題として捉えることができます。学校の設置者，自治体によって学校安全の防犯対策が大きく異なることは，憲法上からもあってはならないことなのです。学校の安全に必要な条件を整備することは，教育基本法10条2項にもとづく教育行政の責務です。したがって，学校

安全を守るための学校防犯対策において，現在，自治体や学校設置者，学校など，現場まかせになっているなかで，国こそが財政的な支援を行い，学校設置者・学校によるさらなる安全管理の促進をはかり，学校防犯のための財政基盤の確立につとめていくことが求められています。

(堀井雅道)

資料編

(2) 大阪教育大学教育学部附属池田小学校事件：遺族と文部科学省の合意書

[資料①]

合意書

前文

　学校は，子どもたちが保護者から離れて学習する場であり，本来最も安全な場でなければならない。「開かれた学校」の視点は重要であるが，それを意識するあまり「安全な学校」という大前提が蔑ろにされることがあってはならない。

　平成11年12月の京都市立日野小学校で発生した児童刺殺事件後の平成12年1月において，文部科学省（当時の文部省）は，附属学校を置く国立大学長に対し，安全管理に関する通知を発出したが，その通知後においても，平成12年1月の和歌山県かつらぎ町立妙寺中学校における不審者の校内侵入による生徒殺人未遂事件などが発生していた中で，通知の内容を見直すことなく，また，附属学校を設置管理する文部科学省及び大阪教育大学では，各附属学校の安全措置の状況を把握したり，特段の財政措置を講じたりしていなかった。さらに，大阪教育大学教育学部附属池田小学校（以下，「附属池田小学校」という。）においては，先の通知に関して，教職員に対して一度口頭で伝えたにとどまり，それ以外の格別の対応をとっておらず，別紙の事件（以下，「本件事件」という。）当日においても，不審者に対して教職員の十分な対応がなされていなかった。

　このような状況の下で，本件事件において，8人の幼い児童の尊い命が奪われたことは，痛恨の極みである。文部科学省及び大阪教育大学並びに附属池田小学校は，その責任を深く自覚する。

　本合意書は，文部科学省及び大阪教育大学並びに附属池田小学校が，本件事件について真摯に謝罪し，今後二度とこのような事件が発生しないよう万全を期することを誓うとともに，その誓いの証として実効性の

ある安全対策を掲げ，もって亡児童に捧げるものである。

以上の趣旨において，文部科学省及び大阪教育大学並びに附属池田小学校は，御遺族との間で，以下の事項について合意した。

第1条　謝　罪

1　文部科学省は，亡児童に謹んで哀悼の意を表するとともに，亡児童及び御遺族に対し，過去に同種の事件が発生していたにもかかわらず，適切な防止策を講じず，安全であるべきはずの学校で，何の罪もない8人の幼い児童の尊い命が奪われたことを，真摯に反省し，衷心より謝罪する。
2　大阪教育大学は，亡児童に謹んで哀悼の意を表するとともに，亡児童及御遺族に対し，附属池田小学校の安全管理に十分な配慮をしなかったため，適切な防止策を講じず，また，緊急事態発生時の対応を教職員に徹底せず，安全であるべきはずの学校で，何の罪もない8人の幼い児童の尊い命が奪われたことを，真摯に反省し，衷心より謝罪する。
3　附属池田小学校は，亡児童に謹んで哀悼の意を表するとともに，亡児童及び御遺族に対し，学校安全についての危機意識の低さから，外部からの不審者を容易に侵入させてしまい殺傷行為の発生を未然に防止することができなかった，危機通報，救助要請，組織的情報伝達，避難誘導，救命活動，搬送措置が十分にはなされなかったため，殺傷行為の継続を許してしまい，また結果発生を最小限に止めることができなかった，それらの結果により，何の罪もない8人の幼い児童の尊い命が奪われたこと，及び，事件後の対応に不備があったことを，真摯に反省し，衷心より謝罪する。

第2条　損害賠償

国は，本件事件において，附属池田小学校の安全管理が十分ではなかったことについて，御遺族に対して損害賠償金の支払義務を認め，御遺族及び国は，本合意書に基づき，具体的な賠償金額を記載した合意条項を別途作成・締結するとともに，本件事件において，この合意条項に定めるもののほか，何ら債権債務がないことを相互に確認する。

資料編

第3条　再発防止策

1　文部科学省

　御遺族の協力を受けながら，平成14年11月にハード面の防犯対策の報告書及び同年12月にソフト面の危機管理マニュアルを作成し，既に全国の学校の設置者及び各学校等に配布したところであり，これらのマニュアル等を全国の学校に普及させていくため，防犯や応急手当等についての訓練等を実施する「防犯教室」の開催を推進するとともに，学校施設の防犯対策に関する手引書の作成，学校の施設整備指針の改訂等を行う。また，「開かれた学校」の推進に当たっては，学校における子どもたちの安全確保が絶対条件であることについて，周知徹底を図っていく。さらに，各学校における安全管理の取り組みを定期的に調査し，その結果を公表するとともに，マニュアル等について，必要に応じて，外部の有識者の協力も受けながら見直しを図る。　そして，このような学校防犯を含む学校安全施策について，対症療法的な一時的対策にとどまらず，組織的，継続的に対応する。

2　大阪教育大学

　全教職員の危機対応能力の向上を図るとともに，教員養成機関として，学校安全に関する実践的な教育・研究を充実し，適切な危機管理や危機対応を行える教員を養成する。

　附属学校園における安全管理の状況について，定期的な実態調査を実施し，点検，見直し，改善を継続して行い，事件・事故の未然防止を図る。

　また，平成15年4月に新設した「学校危機メンタルサポートセンター」において，学校の安全管理に資するための全国共同利用施設として，国内外の危機管理の取り組みや実際の学校危機事例等の調査研究，情報の収集・分析・発信を行う。同センターの機能をより実効性のあるものとするため，同センターの人的物的資源を充実して行く。

3　附属池田小学校

　児童の学校生活上の安全保障を徹底するため，校務分掌として設置された学校安全部により不審者対応訓練を定期的に実施するなど，外部からの不審者を容易に侵入させることのないよう人的物的措置を講

じる。また，PTAと連携し，登下校時や放課後の安全確保についても努める。

さらに，学校単独での安全対策にとどまらず，警察，消防，池田市をはじめとする近隣の自治体と連携し，総合的な児童の安全対策の推進に努める。

文部科学省が作成したハード面の防犯対策の報告書，ソフト面の危機管理マニュアルをもとに本校独自の実効性のある危機管理マニュアルを作成，実施し，必要に応じ随時改訂を行う。

そして，毎月8日を「安全の日」と定め，上記危機管理マニュアルの内容が確実に実施されているかを責任を持って点検していく。

これらの安全管理への取り組みのほか，児童の学習活動への取り組みとして，道徳・総合的な学習の時間等において「命の大切さ」を感じ取る教育内容の研究をさらに推進し，個々の児童が安全な社会の担い手となる教育に努める。

資料編

(3) 文部科学省，学校安全管理通達，政策文書

[資料②] 京都市立日野小学校事件をうけた文部省（当時）の通知

文初小500
平成12年1月7日

各都道府県教育委員会教育長，各指定都市教育委員会教育長，
各都道府県知事，附属学校を置く各国立大学長，
国立久里浜養護学校長あて

　　　　　文部省初等中等教育局長，文部省生涯学習局長，文部省体育局長

幼児児童生徒の安全確保及び学校の安全管理について（依頼）

　幼児児童生徒の安全確保及び学校の安全管理については，これまでも御努力いただいているところですが，今般，小学校の校庭において，不審者により児童が刺殺されるという事件が発生しました。

　学校おいては，日頃から，学校開放等地域に開かれた学校づくりを推進することが重要であり，そのためにも，授業中はもとより，登下校時，放課後，学校開放時等において，PTA等による学校支援のボランティアの活用をはじめ，保護者や地域の関係団体等の協力を得て，地域と一体となって幼児児童生徒の安全確保のための方策を講じることが必要です。また，教職員による対応，施設・設備面での対応，警察等関係機関との連携による対応等により学校の安全管理のための方策を講じることが必要です。

　ついては，これを契機に，貴管下の各学校において，幼児児童生徒の安全確保及び学校の安全管理について，別紙の点検項目を参考にして点検を実施するなど，家庭や地域との連携の下，取組の一層の充実が図られるようお願いします。また，貴職におかれては，その対応状況を把握し，必要な措置を講じるとともに，継続して家庭，地域と一体となった安全確保のための方策が講じられるようお願いします。

　また，域内の市町村教育委員会においても，管下の各学校において安全確保についての点検を行うなど，上記と同様の措置が講じられるよう指導をお願いします。

（別添）　点検項目（略）

[資料③]　池田小事件をうけた文部科学省の通知

13文科初373
平成13年6月11日

各都道府県教育委員会教育長，各指定都市教育委員会教育長あて

文部科学省初等中等教育局長
文部科学省スポーツ・青少年局長

幼児児童生徒の安全確保及び学校の安全管理に関し緊急に対応すべき事項について（通知）

　去る6月8日，大阪教育大学教育学部附属池田小学校において，児童及び教職員が殺傷されるという事件が発生いたしました。

　幼児児童生徒の安全確保及び学校の安全管理については，これまでも「幼児児童生徒の安全確保及び学校の安全管理について」（平成12年文初小第500号）等により，各学校等において適切な方策を講じられるようお願いしてきたところであり，このたびの事件に関わる文部科学大臣談話（別紙1）においても，緊急の再点検をお願いしております。

　各学校等においては，現在，再点検等を進めていただいているところと思いますが，今回の事件は国民に大きな衝撃を与えるとともに，類似事件の発生等についての不安も国民の間に生じてきております。

　ついては，各教育委員会におかれては，至急，教育委員会の会議を開催し，学校長や関係団体，関係機関の意見等を聞きつつ，事件の再発防止等の観点から，所管の学校について，当面緊急に講じるべき事項をただちに決定し，適切な対策を講じていただくようお願いします。

　その際，特に，不審者に対する対応策については，出入り口での確認等不審者を識別するための方策，校内の巡回等不審者を発見するための方策，万一，学校内に不審者が立ち入った場合における幼児児童生徒への迅速な注意喚起や緊急避難のための誘導の方策等を中心に早急に具体

的な対応策を定め，所管の学校において措置していただくようお願いします。

さらに，都道府県教育委員会にあっては，域内の市町村教育委員会においても，各学校の設置者として，至急，教育委員会の会議を開催し，所管の学校で同様に必要な取組が行われるよう周知方お願いします。

なお，対策を講ずるに当たっては，PTA等との連携が重要であると考えられるため，社団法人日本PTA全国協議会をはじめとする関係団体の長宛の協力依頼を別途発出しておりますので，参考のため添付いたします。（別紙2）

（別紙1）
文部科学大臣談話
平成13年6月8日

この度の事件は，あまりにも痛ましく，決して許されない出来事であります。

まずもって，今回被害にあわれた児童のみなさん，けがをされた方々に対し，心からのご冥福とお見舞いを申し上げます。

子どもたちが楽しく安心して学べる場であるはずの学校で，このような多数の児童や教員が犠牲となる事件が起きたことは，誠に残念であり，二度と繰り返されてはならず，関係者が全力で再発を防ぐ必要があります。

我が省としては，平成12年1月に「幼児児童生徒の安全確保についての点検項目」を取りまとめ，各学校及び教育委員会に対し，学校の安全管理のための方策を講じていただいているところですが，この際，改めて，緊急の再点検をお願いいたします。

また，保護者やPTAをはじめ地域の関係団体の方々におかれても，幼児児童生徒の安全確保について，地域ぐるみで取り組んでいただくようお願いいたします。

最近大人社会において，残虐な事件が頻発している風潮がみられ，学校だけでは対応できない事態に鑑み，社会全体でこうした卑劣な行為を

断じて許さないとの思いを共有していただきたいと,この機会に強く訴えたいと思います。

注) 文部科学省では,平成12年1月に「幼児児童生徒の安全確保についての点検項目」を取りまとめ,各学校及び教育委員会においては,日頃から,学校の安全管理のための方策を講じるよう通知しているところ。

(注) 本日,直ちに,岸田副大臣を本部長とする「大阪教育大学教育学部附属池田小学校事件対策本部」を設置したところであり,また,池坊大臣政務官を現地に派遣し,今回の事件についての実態を把握して対応策を講じる。

(別紙2)

13文科初第三七三号
平成13年6月11日

社団法人日本PTA全国協議会会長／社団法人全国高等学校PTA連合会会長／全国国公立幼稚園PTA連絡協議会会長／全日本私立幼稚園PTA連合会会長代行／全国国立大学附属学校PTA連合会会長／全国盲学校PTA連合会会長／全国聾学校PTA連合会会長／全国知的障害養護学校PTA連合会会長／全国肢体不自由養護学校PTA連合会会長／全国病弱虚弱教育学校PTA連合会会長／ あて

文部科学省生涯学習政策局長
文部科学省初等中等教育局長
文部科学省高等教育局長
文部科学省スポーツ・青少年局長

幼児児童生徒の安全確保及び学校の安全管理に関する協力のお願いについて(協力依頼)

去る6月8日,大阪教育大学教育学部附属池田小学校において,児童及び教職員が殺傷されるという事件が発生いたしました。

文部科学省といたしましては,幼児児童生徒の安全確保及び学校の安全管理について,これまでも「幼児児童生徒の安全確保及び学校の安全管理について」(平成12年文初小第500号)等により,各学校等において適切な方策を講じられるようお願いしてきたところであり,このたびの事件に関わる文部科学大臣談話(別紙1)においても,学校の安全管理のための方策についての緊急の再点検をお願いしております。

このような状況の中,各学校等においても再点検等を進めているとこ

ろですが、事件の重大性や類似事件の再発防止等の観点から、不審者への対策など、特に緊急に各学校等において対応策を講じることが必要であると考えられる事項について、早急に対応策を講じていただくよう改めて通知を発出したところです。(別紙2〜4)

しかしながら、各学校等において対策を講ずるに当たっては、PTAをはじめとする保護者の皆様の御理解と御協力が不可欠であると考えられます。

ついては、各学校との密接な連携の下、必要な取組が進められますよう御協力をお願い申し上げます。

[資料④] 学校安全緊急アピール

スポーツ・青少年局学校健康教育課
平成16年1月20日

学校安全緊急アピール―子どもの安全を守るために―

今、「子どもの安全」が脅かされている。

近年、学校を発生場所とする犯罪の件数が増加している。凶悪犯が増加するとともに、外部の者が学校へ侵入した事件が、平成14年には2,168件と、平成11年(1,042件)と比べて2倍を超える状況にある。

平成11年12月には京都市立日野小学校において、平成13年6月には大阪教育大学教育学部附属池田小学校において、あまりにも痛ましく、安全であるべき学校において、決してあってはならない事件が発生した。

文部科学省では、学校における事件・事故が大きな問題になっている近年の状況を重く受け止め、学校安全の充実にハード・ソフトの両面から取り組む「子ども安心プロジェクト」を推進している。このプロジェクトの中で、「学校への不審者侵入時の危機管理マニュアル」の作成(平成14年12月)や、「学校施設整備指針」における防犯対策関係規定の充実(平成15年8月)、防犯や応急手当の訓練により教職員や子どもの安全対応能力の向上を図る「防犯教室」の開催の支援など、様々な施策を推進してきた。

これらを踏まえ，全国各地の学校では，学校や地域の状況に応じた学校安全に関する取組が行われてきているものの，附属池田小学校の事件の後も，昨年12月の京都府や兵庫県の小学校の事件など，学校に不審者が侵入して子どもの安全を脅かす事件や，通学路で子どもに危害が加えられる事件が後を絶たない。

　関係者には，「私たちの学校や地域では事件は起こるまい」などと楽観せず，「事件はいつ，どこでも起こりうるのだ」という危機感を持っていただきたい。その上で，様々な対策を意図的に講じていかなければ学校の安全は確保できないという認識の下，緊張感を持って子どもの安全確保に取り組んでいただきたい。

　また，子どもの健全な育成が学校，家庭，地域社会との連携・協力なしになし得ないのと同様，「安全・安心な学校づくり」，「安全・安心な子どもの居場所づくり」も地域ぐるみの取組なしにはなし得るものではない。

　保護者の方々，地域社会の方々，警察・消防・自治会・防犯協会等の関係機関・団体の方々におかれては，学校や子どもの安全をめぐる危機的な状況を是非御理解いただき，次世代を担う子どもの安全を守るための取組に積極的に御協力願いたい。

　このたび，各学校でより具体的な安全確保の取組を推進していただくため，学校や設置者が子どもの安全確保のための具体的な取組を行うに当たっての留意点や学校，家庭，地域社会，関係機関・団体の連携により子どもの安全を確保するための方策等について，別紙のようにまとめた。

　これを関係する全ての方々にお読みいただき，それぞれの学校や地域で子どもの安全確保のための取組が積極的に推進されることを願ってやまない。

　なお，文部科学省では，平成16年度においても，「子ども安心プロジェクト」として，「防犯教室」の開催の支援に関する事業や，地域との連携を重視した学校安全に関する実践的な取組を行う「地域ぐるみの学校安全推進モデル事業」等を引き続き推進するほか，新たに，教職員の危機管理意識を向上させるための「防犯教育指導者用参考資料」の作成・配布を行うこととしている。また，学校施設の防犯対策に関する事例集の作成をはじめとする，学校施設の安全対策に関する事業も推進す

資料編

ることとしている。

　今後も，文部科学省としては，学校安全に関する施策について，組織的，継続的に対応していきたい。

学校安全に関する具体的な留意事項等

【学校による具体的取組についての留意点】
・実効ある学校マニュアルの策定　・学校安全に関する校内体制の整備
・教職員の危機管理意識の向上　　・校門等の適切な管理
・防犯関連設備の実効性ある運用　・子どもの防犯教育の充実
・日常的な取組体制の明確化

【設置者による具体的取組についての留意点】
・設置する学校の安全点検の日常化　・教職員に対する研修の実施

【地域社会に協力願いたいこと】
・学校安全の取組に御協力いただける方の組織化を
・不審者情報等を地域で共有できるネットワークの構築を
・「子ども110番の家」の取組への一層の御協力を
・安全・安心な「子どもの居場所づくり」を

【地域の関係機関・団体に協力願いたいこと】
・学校との一層の連携を

（スポーツ・青少年局学校健康教育課・平成16年1月20日）

[資料⑤]　大阪府寝屋川市立中央小事件をうけた文部科学省の通知

16文科ス396
平成17年2月18日

付属学校を置く各国立大学法人学長，各都道府県知事，
各都道府県教育委員会教育長，各指定都市教育委員会教育長　あて

文部科学省初等中等教育局長
文部科学省スポーツ・青少年局長
文部科学省生涯学習政策局長

2 学校安全・防犯対策の基本資料

学校の安全確保のための施策等について（通知）

 このたび，大阪府寝屋川市立中央小学校において，教職員が殺傷されるという決して起こってはならない事件が発生いたしました。

 文部科学省としては，平成13年6月の大阪教育大学付属池田小学校の事件以来，各学校が安全管理についての適切な対策ができるよう，「学校への不審者侵入時の危機管理マニュアル」の作成や「学校安全緊急アピール―子どもの安全を守るために―」の公表を行うとともに，教職員や児童生徒の安全対応能力の向上を図るための防犯教室の開催の推進など，各学校における安全対策の支援を行ってきたところです。

 文部科学省では，今回の事件の発生を受け，省内に「安全・安心な学校づくりのための文部科学省プロジェクトチーム」を設置し，今回の事件の分析と今後の学校の安全確保方策について検討を進めることとしています。

 ついては，関係各位におかれましては，「学校への不審者侵入時の危機管理マニュアル」や「学校安全緊急アピール―子どもの安全を守るために―」に基づき施策の再点検を進めていただくとともに，特に，下記のような点について御留意いただき，なお一層の学校の安全確保のために取り組んでいただきますようお願いいたします。

 また，各都道府県教育委員会及び各都道府県知事におかれては，域内の市町村及び所轄の学校及び学校法人に対する周知につきましてもよろしくお願いいたします。

記

1 教職員の防犯訓練等の集中実施について
 今回の事件において教職員が殺傷されたという点を踏まえ，教職員を対象とする防犯訓練等を当面集中的に実施すること。
2 学校と地域との連携の推進について
 PTAや地域のボランティアなどの参加を得て，学校内外の巡回，学校の門や通学路等の要所での監視，万一事件や事故が起きた場合の避難場所の確保など，学校の安全確保のための地域との連携を進めること。

資料編

3 学校と警察との連携の推進について

　学校の安全確保の取組においては，学校と警察との連携を一層密にし，進めていくことが必要であり，パトロールの実施，防犯訓練や防犯教室の推進，緊急時の場合の対応等において，地域の警察との連携を推進すること。

(4) 文部科学省　学校安全管理，全国調査結果（抄）

[資料⑥]　防犯監視システムを整備している学校

(単位・校)

	計	整備している学校
小学校	22,976	9,916(43.2%)
中学校	10,973	4,773(43.5%)
高等学校	5,419	2,053(37.9%)
中等教育学校	16	8(50.0%)
盲・聾・養護学校	977	444(45.4%)
幼稚園	13,501	7,233(53.6%)
計	53,862	24,427(45.4%)

[資料⑦]　国公私立小・中学校における防犯監視システムの整備と警備員の配備状況（比較）

(単位：校)

	防犯監視システムを整備している学校		
	小学校	中学校	計
国立学校	69(94.5%)	69(90.8%)	138(92.6%)
公立学校	9,714(42.7%)	4,258(41.6%)	13,972(42.3%)
私立学校	133(75.6%)	446(67.7%)	579(69.3%)

(単位：校)

	警備員の配置を行っている学校 (夜間警備，ボランティアによる巡回等をのぞく)		
	小学校	中学校	計
国立学校	73(100.0%)	76(100.0%)	149(100.0%)
公立学校	1,193(5.2%)	479(4.7%)	1,672(5.0%)
私立学校	98(55.7%)	363(55.1%)	461(55.2%)

文部科学省『「学校の安全管理の取組状況に関する調査」について』(H17.1)をもとに作成

資料編

(5) 参考文献

『必携学校事故ハンドブック―事故防止と対策のすべて』伊藤進，兼子仁，永井憲一編著，1978，エイデル研究所

『学校安全への提言 子どもの健康と安全を保障するために』学校災害から子どもを守る全国連絡会（通称：学災連），永井憲一監修，1981，東研出版

『学校事故の法律問題』伊藤進，1983，三省堂

『学校事故の法律実務』学校事故法律実務研究会，1987，新日本法規出版

『学校は安全か―学校事故から学ぶ』学災連編，1990，学災連

『体育・スポーツ事故1980-89年〈学校編〉』野間口英敏，1991，東海大学出版会

『実務判例―解説学校事故』伊藤進・織田博子，1992，三省堂

『学校災害ハンドブック』喜多明人，1996，草土文化

『学校事故と訴訟 Q&A』秋山昭八（編集），文部省教育助成局地方課法令研究会，1997，三協法規出版

『教職員のための防災事典』日本スポーツ振興センター，1998

『学校における水泳事故防止必携（新訂版）』日本スポーツ振興センター，1999

『学校事故賠償責任法理』伊藤進，2000，信山社

『裁判で問われる学校の責任・教師の責任』柿沼昌芳，2001，学事出版

『安全教育参考資料「『生きる力』をはぐくむ学校での安全教育」』文部科学省，2001，独立行政法人日本スポーツ振興センター

『子どもを守る46の生活の知恵―イラスト版子どもの事故防止』子育てグッズ＆ライフ研究会編 山中龍宏監修，2001，合同出版

『学校における突然死予防必携』日本スポーツ振興センター，2003

『「学校の管理下の死亡・障害事例と事故防止の留意点〈平成14年版〉」』日本スポーツ振興センター，2003

『学校の安全管理に関する取組事例集―学校への不審者侵入時の危機管理を中心に―』文部科学省，2003，日本スポーツ振興センター

『学校の管理下の災害―基本統計―19』日本スポーツ振興センター，2004

『学校事故の責任法理』奥野久雄，2004，法律文化社

『子どもを守る学校の危機管理ガイドライン―凶悪犯罪，地震災害，集団感染症，薬物対策等の全ノウハウ』大泉光一，2004，教育開発研究所

『学校保健・学校安全法令必携』学校健康教育法令研究会，2004，ぎょうせい

『学校安全の研究』石毛昭治，2004，文化書房博文社

『Q&A 学校事故対策マニュアル―法的対応から危機管理・安全対策まで』松本美代子（編集），田中早苗（編集），2005，明石書店

『スポーツ六法』小笠原正・塩野宏・松尾浩也編集代表，2005，信山社

あとがき

　学校事故研は，1973年の発足以来30年余り，学校災害の救済と防止をテーマに共同研究を重ねてきました。とくに近年の多様な学校災害の発生と深刻化にともない，2002年5月より学校安全基準に関する集中的な研究を行い，同年7月共同研究の促進を図るために，原案作成に必要な研究プロジェクトを以下のメンバーで設置しました。今回の「学校安全法」要綱案の原案作成は，このプロジェクトが総力を挙げて作成してきたものです。今回の緊急出版では，その解説，補説等は，おおむね，喜多と橋本が担当執筆しました（Ⅰ，Ⅱ 喜多，Ⅲ 橋本，資料編(1) 堀井）。ただし，要綱案を含めて，このブックレットはプロジェクトのメンバー全体の共同の研究成果を反映してきたものといえます。

【学校事故研・研究プロジェクトの構成メンバー】

　　　　　　　　　　　　　　　　　　　　　　　　　＊2005年4月現在
　喜多　明人（早稲田大学教授・日本教育法学会理事・学校事故研委員長）
　橋本　恭宏（中京大学教授・日本教育法学会理事・学校事故研事務局長）
　安達　和志（神奈川大学教授・日本教育法学会理事・学会事務局担当理事）
　船木　正文（大東文化大学助教授・日本教育法学会理事・学会事務局担当理事）
　原田　敬三（弁護士）
　森　　浩寿（日本大学非常勤講師・日本教育法学会事務局書記）
　研究プロジェクト事務局：堀井雅道（早稲田大学大学院・学校事故研事務局員）

　このプロジェクトは，これまで3年間，①国の学校安全責任と学校安全最低基準制定を求めた「学校安全法」要綱案（仮称），②地方公共団体の学校安全責任と学校安全適正基準制定を求めた「学校安全条例」要綱案（仮称），および，③学校教職員の「学校安全指

あとがき

針」要綱案(仮称)の検討を行い,適宜学校事故研の総会にはかるなどして検討してきました。

ブックレットで紹介した「学校安全法」要綱案の特徴の一つは,学会内部の専門的見解の枠を越えて,現場や市民に問いかけたことです。いったん「中間報告書」として,2003年11月1日に「学校安全法第一次要綱案」を公表し,学校災害被災者をはじめ学校災害防止に取り組んできた市民,教育関係者,加えて教育法学会会員にも幅広い視野から意見,要望を寄せていただきました。

その後,第二次要綱案を経て成案とし,2004年5月30日の日本教育法学会総会(神戸大学)の第3分科会で要綱案を公表しました。

21世紀の市民参加型教育法においては,制定プロセス,すなわち市民各層の参加による実効性ある法案づくりが求められています。ここに「学校安全法の提言」を公にし,来るべき学校安全法制定の取り組みに寄与していくとともに,学校災害被災者をはじめ,学校安全へむけてさまざまな取り組みを行っている市民,教育関係者の方々に活用いただくことを願っています。

◆連絡先◆
　【日本教育法学会】　学校事故問題研究特別委員会(学校事故研)事務局
　　　　　　　　　　〒466-8666
　　　　　　　　　　名古屋市昭和区八事本町101-2
　　　　　　　　　　　(中京大学法科大学院法務研究科・橋本恭宏研究室)
　　　　　　　　　　TEL：052-835-8267
　　　　　　　　　　e-mail:gakkojikoken-lj@infoseek.jp

◆学校災害に関する相談・問い合わせ団体◆
　学校災害から子どもを守る全国連絡会
　　nihonhahaoya@par.odn.ne.jp
　「兵庫学校事故・事件遺族の会」
　　http://homepage3.nifty.com/Hyogo-GGG-Izokunokai/

編者プロフィール

喜多明人（きた　あきと）

早稲田大学文学部教授　学校経営学・教育法学

1949年生まれ。立正大学教授を経て，現職。文学博士（早稲田大学1987年）。日本教育法学会（前）事務局長，同理事，同学校事故問題研究特別委員会委員長。日本教育政策学会理事。子どもの権利条約総合研究所代表。

主な著書，『学校施設の歴史と法制』1986年，エイデル研究所，『学校災害ハンドブック』1996年，草土文化，『子どもオンブズパーソン』2001年，日本評論社（共編），『現代学校改革と子どもの参加の権利』2004年，学文社（編著），『子どもにやさしいまちづくり』2004年，日本評論社（編著）など多数。

橋本恭宏（はしもと　やすひろ）

中京大学法科大学院教授　民法学・教育法学

1947年生まれ。明治大学教授（短期大学法律科）を経て，2004年4月から，現職。日本教育法学会理事，同学校事故問題研究特別委員会事務局長。

主著は，『長期間契約の研究』2000年，信山社，『損害賠償法』2003年，不磨書房，『導入対話による民法講義（総則）[第2版]』2003年・『導入対話による民法講義（物権法）[第2版]』2005年（いずれも共著，不磨書房），『判例講義民法Ⅱ債権』2002年，悠々社（共著）など。

〈提言〉学校安全法

2005年5月20日　第1版第1刷発行

Ⓒ編　者　　喜　多　明　人
　　　　　　橋　本　恭　宏

発　行　　不　磨　書　房
〒113-0033　東京都文京区本郷6-2-9-302
TEL 03-3813-7199／FAX 03-3813-7104

発　売　　㈱信　山　社
〒113-0033　東京都文京区本郷6-2-9-102
TEL 03-3818-1019／FAX 03-3818-0344

製作　編集工房 INABA
装丁　アトリエ叢（そう）

Printed in Japan, 2005　　　印刷・製本／松澤印刷

ISBN4-7972-9134-6　C3332

実務家・教師・インストラクター・学生・ビジネスマンの方々へ

スポーツ六法

事故防止からビジネスまで ￥3,360

野球協約・学習指導要領・各種自治体条例など321件を凝縮!!
各章解説, 判例, スポーツ年表も掲載

【編集代表】

小笠原正
(前日本スポーツ法学会会長)

塩野　宏
(東京大学名誉教授)

松尾浩也
(東京大学名誉教授)

【編集委員】　浦川道太郎／菅原哲朗／高橋雅夫／道垣内正人／濱野吉生／守能信次／（編集協力）石井信輝／森　浩寿／山田貴史／吉田勝光

[**目次**]　1　スポーツの基本法／2　スポーツの行政と政策／3　生涯スポーツ／4　スポーツと健康／5　スポーツと環境／6　スポーツの享受と平等／7　学校スポーツ／8　スポーツとビジネス／9　スポーツ事故／10　スポーツ紛争と手続／11　スポーツの補償／12　スポーツの安全管理／13　スポーツ関係団体／14　資料編